WINARTA

BASUKI GUNAWAN

Winarta

Aus dem Niederländischen
von Annette Wunschel

VERLAG TURIA + KANT
WIEN–BERLIN

Meinen Freunden im Nederlands Studenten Sanatorium gewidmet

Inhalt

Vorwort

Gustaaf Peek

Die Veröffentlichung von *Winarta* in Buchform ist ein Ereignis. Erstmals ist dieser kurze Roman von Basuki Gunawan (1929–2014) vor siebzig Jahren erschienen, als vierteiliges Feuilleton in der Monatszeitschrift für Kultur und Politik *De Nieuwe Stem*. Eine gute und spannende Entscheidung der damaligen Redaktion, denn in moralischer Hinsicht ist der Text – über einen Mann namens »Winarta«, der sich nach der Tötung seiner Eltern den Kämpfern für ein freies Indonesien anschließt – bis heute aktuell geblieben. Der Mann will Rache, ohne eindeutig zu wissen, an wem; er zieht in einen Krieg, in dem er sich als tollkühn, grausam und unbeirrbar entpuppt – denn alle Bedeutung seines Handelns scheint ihm zu entgehen. Die existenziellen Fragen über Täterschaft, Trauma und Sinnlosigkeit, die der Autor aufwirft, sind vielleicht drängender denn je.

Aber nun rede ich über die inhaltliche Tiefe, während der Roman seinen Platz im Kanon mit beneidenswerter Leichtigkeit durch seinen schonungslosen Stil, die präzisen, frischen und unerwarteten Sätze, den klugen Einsatz der Perspektive einfordert – alles literarische Mittel, die die Lesenden zur zeitlosen Erkenntnis von Schmerz und Wirrnis der allzu menschlichen Existenz führen.

Behalten wir diese Liste kurz im Hinterkopf: *Das bittere Kraut* (1957) von Marga Minco; *Das heile Haus* (1951) von Willem Frederik Hermans; *Der Untergang der Familie Boslowitsch* (1950) von Gerard Reve; und *Winarta* von Basuki Gunawan (1954). Kriegsromane wie dosierte Faustschläge, über den Verstoß gegen das Wichtigste, darüber, wie lächerlich und seltsam soziale Pflichten und Gepflogenheiten erscheinen, wenn das Leben sich indifferent und anhaltend bedrohlich zeigt. Diese Werke teilen eine bestimmte Erzählstimme, die – so nüchtern wie überwältigt, so beschwichtigend wie empört – früher undenkbare Erfahrungen vorstellbar machen will. Auch die klare, beherrschte Sprache teilen sie, als schlösse die Niederschrift des Geschehenen einen allzu freien oder assoziativen Stil aus; als dürfte der enge Bezug zum Faktischen nicht abreißen. Was den Vierten in diesem Quartett gleichwohl unterscheidet, ist seine nationale Zugehörigkeit. Denn Gunawan war Indonesier und ist es immer geblieben; er hat *Winarta* in der Sprache der Besatzer geschrieben.

Ein kurzer biografischer Abriss: Basuki Gunawan wird am 23. Dezember 1929 in Banyumas auf Zentraljava geboren. Im kolonialen Schulsystem lernt er sowohl in der Primar- als auch der Sekundarstufe Niederländisch. Nach der japanischen Invasion ist er während des Unabhängigkeitskrieges Mitglied einer studentischen Guerilla-Einheit, die Operationen gegen die niederländische Kolonialmacht ausführt. Als die Republik Indonesien endlich Wirklichkeit ist, gehört er zur ersten Kohorte indonesischer Studierender, die mit einem Stipendium in die Niederlande kommen. Er promoviert in Soziologie an der Universität Amsterdam, und in dieser akademischen Umgebung wird er während seiner ganzen Laufbahn tätig sein.

In den frühen 1950ern kommt er wegen Tuberkulose ins »Studenten Sanatorium« in Laren. Das Sanatorium bietet verschiedensten kulturellen Aktivitäten Raum; während er sich erholt, schreibt Gunawan hier an *Winarta*, der Novelle, die ihm eine ehrenvolle Erwähnung des Reina Prinsen Geerligs-Preiskomitees einbringen wird. Er heiratet, bekommt zwei Töchter, die Niederlande sind jetzt seine Heimat, und doch wird er seinen indonesischen Pass nie ablegen. Ein rundum künstlerischer Mensch, denn außer dem Schreiben zeichnet und malt er; und er musiziert, ob an der Gitarre oder am Klavier, spielt für ihn keine Rolle. Sein literarisches Werk ist nicht umfangreich: ein paar kurze Prosastücke, eine Handvoll Gedichte, ein Essay hier und da, so geht das manchmal.

»Der alte Wärter ist gegangen.« Der erste Satz, und schon fließt *Winarta.* »Heute ist Mutter gestorben«, lautet eine ähnlich suggestive Eröffnung. Es ist der Anfang des *Fremden* von Albert Camus. Gunawan bewundert Camus, der junge Indonesier scheint in seinem Roman eine Verwandtschaft mit dem älteren französischen Schriftsteller anzudeuten. Eine unversöhnliche Hauptperson mit einem widersprüchlichen Gefühlsleben, eine schonungslose Erzählung, aber jetzt hat der »Fremde« das Wort und bricht mit beunruhigender Selbstsicherheit das koloniale Monopol auf literarisch-psychologische Komplexität.

Die Hauptperson, Winarta, legt ihren Bericht aus

der Zelle ab, aber von einem echten Geständnis ist keine Rede, so leicht lässt er sich nicht fangen. Er zwingt uns, seine Sicht einzunehmen, zwingt uns, unerbittlich in seiner Menschlichkeit, über selbstberauschende Phrasen hinauszudenken. Der Häftling ist nicht wirklich gefangen, denn er ist nie frei gewesen.

Und dann die Beschreibungen; Sätze, die weder ängstlich ausweichen noch sich augenzwinkernd mit den Lesenden verbünden, sondern der Sprunghaftigkeit der Erfahrung folgen, verräterischen Details nachjagen und die Wirklichkeit zeigen: »Die Gesichter meiner Eltern ähnelten denen von Kindern, die im Dreck gespielt haben. Sie waren mit schwarzen Flecken übersät. Ich dachte, es müssten Blutflecken sein. Sonst waren ihre Gesichter unversehrt. Die Münder klafften. Vater machte die Miene eines Menschen, der sich wunderte. Mutter wirkte erfreut, als hätte eine ihrer Anekdoten großen Beifall gefunden. Es schien, als grinste sie.«

Vergessene Meisterwerke gibt es nicht, vernachlässigte dagegen schon. Ein Freund hat mich vor einiger Zeit auf diesen Autor aufmerksam gemacht, auf dieses Werk. Jetzt liegt es an Ihnen.

Editorische Notiz

Der Text dieses Romans basiert auf dem Erstabdruck im Feuilleton der Zeitschrift *De Nieuwe Stem* (1954, Jahrg. 9). Er wurde vom niederländischen Verlag in Absprache mit der Familie des Autors leicht korrigiert und mit wenigen kurzen Informationen in Form von Fußnoten versehen. Wenige weitere Anmerkungen wurden von der Übersetzerin hinzugefügt.

I

1

Der alte Wärter ist gegangen.

Er hat die Angewohnheit, mittags nach dem Essen mit mir zu reden. Ich weiß nicht, ob das erlaubt ist. Es ist für mich ohne Bedeutung.

Hüstelnd und ein wenig krumm kam er hereingehumpelt. Dabei ist er noch gar nicht so alt. Aber laut meinem Nachbarn hat er sich als junger Mann zu viel mit Weibern abgegeben.

Er setzte sich auf den einzigen Stuhl, den er offenbar eigens zu diesem Zweck in die Zelle hat stellen lassen.

Wie immer hat er mich nachdenklich angesehen. Vielleicht eine Restgewohnheit aus früheren Jahren, die ihm einen wichtigen Anstrich geben soll. Er hat zwar ein würdevolles Äußeres, doch es scheint, als könnte er sich immer noch nicht mit seiner Uniform abfinden. Es ist, als wäre sie ihm zu eng. Darum hat er etwas Verkrampftes an sich.

Er fragte, wie es mir ging. Die Frage hätte er sich auch sparen können – er wusste natürlich, dass ich heil und gesund war. Im gegenteiligen Fall würde ich mich ja bei ihm beschweren.

»Kröch-kröch, Ihre Angelegenheit wird in Kürze verhandelt, kröch.«

Ich nickte nur. Das sagte er nun schon zwei Wochen. Ich nehme nicht an, dass er über meinen Prozess auf dem Laufenden ist.

Darauf folgte die zweite Höflichkeit, die er einmal in der Woche anbringt. Er sagte, dass er es bedaure, nicht mit mir für unsere Sache kämpfen zu können; er könnte ja von Nutzen sein.

»Aber wir müssen realistisch bleiben, nicht wahr, kröch-kröch. Ich habe eine Frau und acht Kinder. Ähem, kröch, das müssen Sie sich vorstellen, kröch.«

Er hatte es selbst so gewollt, schien mir, aber das sagte ich ihm nicht. Ich nickte nur. Er war erfreut, dass ich seine Entschuldigung so gut verstand.

»Kröch, das Leben ist schwer! Man muss hart schuften, und es reicht trotzdem nie.«

Wieder nickte ich.

Seine zweite Tochter mache ihm viele Sorgen. Sie kriege und kriege keinen Mann ab. Dabei sei sie doch längst erwachsen. Und produktiv sei sie auch nicht. Er könne sie nirgends arbeiten lassen. Ich fragte ihn, warum das nicht möglich sei.

»Es ist gefährlich, kröch. Wir leben in einer unruhigen Zeit. Am Ende vergeht sich noch jemand an ihr! Kröch-kröch. Dann wäre sie völlig wertlos!«

Die Geschichte von seiner Tochter verfolgte mich sogar im Schlaf. Heute fragte ich ihn, ob er einverstanden sei, dass ich seine Tochter heiratete.

Der Alte warf mir einen erstaunten Blick zu.

»Aber, kröch, Sie kennen sie doch nicht mal.«

Ich sagte, das würde sich später ergeben. Er willigte ein; aber, sagte er, wir sollten trotzdem beide noch eine Nacht darüber schlafen.

Dagegen hatte ich nichts.

Nun ist der alte Wärter gegangen. Ich habe das Gefühl, dass ich glücklich bin. Es kann aber Einbildung sein. Ich weiß gar nicht, wie das genau ist: Glücklichsein. Jedenfalls ist mir wohl. Ich habe lange in den blauen Himmel gestarrt und mich im Sonnenlicht gewärmt, das durch das kleine Fenster einströmte. Ich habe zum Maschinengewehrturm hingesehen und dem Mann im gläsernen Ausguck zugewinkt. Er hat mich nicht zurückgegrüßt. Ich fühle mich sicher. Es ist kühl in der Zelle. Draußen herrscht eine Bruthitze.

Oft frage ich mich, warum der Wärter nie die Tür abschließt, wenn er zu mir hereinkommt. Manchmal vergisst er es auch, wenn er wieder geht. Vielleicht verlässt er sich ganz auf den Maschinengewehrturm. Es kann natürlich sein, dass er mich zur Flucht einladen will. Der Mann mit dem Maschinengewehr döst oft ein. Wenn ich jetzt weglaufe, kann ich mich mit seiner Tochter einigen, und er ist von ihr befreit.

Aber gerade heute hat er die Tür abgeschlossen. Ich verstehe es nicht. Ich weiß auch nicht genau, ob der Mann im Turm wirklich eingenickt ist. Ich kann es nicht richtig erkennen, der Himmel flirrt vor Hitze. Vielleicht döst er nur zum Schein, um mich niederzuschießen, wenn ich fliehe. Aber ich werde nicht fliehen. Ich habe keine Lust dazu.

In jedem Fall hegt der Wärter große Bewunderung für mich. Dasselbe gilt für einige Gefangene, Männer der Armee oder der Kampfgruppen. Von ihnen habe ich ein Willkommensschreiben erhalten.

Darin stand: *Bung*[*] *Winarta, der Tapfere, unser Held, Blüte des Vaterlandes, willkommen!!* Usw.

Es ist mir lästig, dass sie mich so bewundern. Aber es muss auch so sein. Selbst habe ich keine Lust, ihnen den wahren Hergang zu erzählen. Es wäre nicht gut für sie. Ich bin bereit, für ihre Illusion meine Ruhe zu opfern. Deshalb lasse ich es zu, dass sie mich bewundern, obwohl es mir lästig ist. Ich habe mit meinen Kampfgefährten nie Freundschaften geknüpft. Neben ihrer Bewunderung fürchten sie mich auch. In ihren Augen bin ich anders als sie. Ich bin *der Tapfere*. Sie verstehen mich nicht, denn ich bin *der Tapfere*. Vielleicht haben nur mein letzter Kommandant und eine Handvoll anderer mich ein wenig verstanden.

Nach einem schweren Gefecht mit dem Feind hat mein Kommandant mich zu sich rufen lassen. Er wirkte gleichzeitig verstimmt und betrübt. Sein Gesicht hat mich immer fasziniert. Er sah aus wie ein Taugenichts, man würde denken, er sei Philosoph. In Wirklichkeit war er in Friedenszeiten höherer

---

[*] Bruder (Anm. d. Übs.).

Beamter im Katasteramt. Diesmal war er wirklich zornig auf mich.

»Mir scheint, du kämpfst nur, um zu kämpfen, Bung. Du bist eine Gefahr für unsere Sache. Du bist grausam!« Hier schlug er mit der Faust auf den Tisch. »Ich sehe keinen Grund, warum du die Kriegsgefangenen abschlachtest. Das ist unmenschlich. Es ist Mord!« Faustschlag.

»Wir müssen in unserem Kampf die Menschlichkeit hochhalten.«

Ich habe geschwiegen.

Alles in allem hat mich niemand wirklich verstanden. Auch mein Kommandant nicht mit all seiner Menschlichkeit.

2

Um meinen Fall ins richtige Licht zu rücken, muss ich zu einem Ereignis kurz nach Ausbruch der Revolution zurückkehren. Es ist dies keinesfalls der Versuch, meine Taten der Vergangenheit zu entschuldigen. Ich habe getan, was ich glaubte tun zu müssen. Alles ist mit meinem Gewissen vereinbar.

Als Lungenkranker wurde ich in einem Sanatorium in den Bergen gepflegt. Die Leute fanden die Umgebung schön, aber mir war dort langweilig. Ich liebte die Natur nicht.

Mein einziger Trost waren die häufigen Besuche einer alten französischen Malerin, die ganz in der Nähe wohnte. Sie erzählte mir oft von der Malerei. Dass sie keine Bekanntheit erlangt hat, ist vielleicht ihren fehlenden Beziehungen geschuldet. Die waren natürlich ihr eigener Fehler. Doch sie schimpfte immer auf die Kunstkritiker und fand, dass sie den Blick viel zu sehr auf Nebensächlichkeiten richteten. Das dämpfte meine Bewunderung für sie. Und doch gelang es ihr, mich für die Malerei einzunehmen.

Das ging sogar so weit, dass ich Maler werden und zum Kunststudium nach Europa gehen wollte. Ehrlich gesagt, ich wusste nicht, was mir wichtiger war, Europa sehen oder Malerei studieren. Tatsache ist, dass mir die französische Dame mehr über Europa als über Malerei erzählt hat. Das ist natürlich allein ihre Sache, und ich sollte ihr deshalb keinen Vorwurf machen.

Wie dem auch sei, war ich entschlossen, dafür mein bereits zur Hälfte absolviertes Medizinstudium aufzugeben. Es kostete mich wenig Überwindung, denn das Medizinstudium interessierte mich schon länger nicht mehr. Ich hatte es sicherlich mit guten Absichten begonnen; die ersten zwei Jahre studierte ich mit dem Gedanken, meinen Mitmenschen helfen zu können.

Im dritten Jahr kam ich zu der Einsicht, dass die Gesundheit meiner Mitmenschen mich eigentlich kalt ließ. Ich beruhigte mich mit dem Gedanken, dass ich als Arzt reich werden würde. Aber als ein Freund das Glück hatte, eine reiche Frau zu heiraten, wurde mir klar, dass Reichtum auch auf viel bequemeren Wegen als durch jahrelange Studien in stickigen Sälen und stinkenden Laboratorien erlangt werden kann. Von da an studierte ich einzig und allein, um meinem Vater, der es gerne sah, dass sein Sohn Akademiker wurde, einen Gefallen zu tun. Der Gedanke jedoch, dass mein Vater heute oder morgen sterben und mein Studium somit sinnlos werden würde, tat meiner ohnehin schon geringen Begeisterung dafür einigen Abbruch.

Ich war also entschlossen, mein Medizinstudium aufzugeben, um mich der Malerei zu widmen. Mein Vater erschrak sehr darüber, aber wie immer war er vernünftig genug, sich ins Unvermeidliche zu fügen. Ich durfte also nach Europa und sollte bei der nächsten Gelegenheit abreisen. Ich brauchte nur noch meine Gesundung und das Ende des Weltkriegs abzuwarten.

Dann brach die Revolution aus.

Dass es dazu kam, wunderte mich nicht. Obwohl ich die Nachricht begrüßte, war es mir doch herzlich egal. Aus Dingen, die »das Volk« betrafen, wünschte ich mich heraushalten. Solche Dinge interessierten mich nicht. Das Volk blieb mir immer fremd, wie auch ich dem Volk immer fremd blieb. Unsere Wege konnten nie dieselben sein. Und doch sollten wir aufgrund schicksalhafter Ereignisse schon bald denselben Weg beschreiten.

Etwa vier Wochen nach Ausbruch der Revolution erhielt ich die Nachricht, dass meine Eltern vom Feind getötet worden seien. Ich erschrak heftig. Nach meiner Schätzung hätten sie noch zehn Jahre leben können. Es kränkte mich, dass das Schicksal so unvermittelt zugeschlagen hatte. Ich hatte meine Eltern sehr gerne. Ja, wir hatten ab und zu Streit gehabt, doch das bewies nur, wie sehr wir einander liebten. Mit anderen Menschen lebte ich stets einträchtig zusammen. Außer meinen Eltern hatte ich niemanden, der mir viel bedeutete. Ich war also aufrichtig bekümmert. Ich verließ das Sanatorium ohne Genehmigung und fuhr eilig in die Stadt, in der meine Eltern wohnten. Das lahme Tempo des Zuges brachte mich in Rage. Ich wünschte den Schaffner zum Teufel, aber er sah mich nur mitleidig an. Auch die Passagiere bedachten mich mit demselben Blick wie der Schaffner.

Es fiel mir sehr schwer, mich an die neue Situation zu gewöhnen. Ich war ängstlich und neugierig zugleich. Der Gedanke, dass ich an Stelle von Mutters schriller Stimme und Vaters dröhnendem Lachen zwei Entitäten vorfinden würde, die weder sprechen noch sich bewegen konnten, erfüllte mich mit Grauen.

Niederschmetternd war auch der erste Anblick dessen, was einmal unser Haus gewesen war, denn von der stolzen Villa war außer verkohlten Resten nichts übrig. Sie schwelten immer noch. Niemand machte sich die Mühe, die Glut zu löschen.

Ich verlangte, meine Eltern zu sehen. Der Nachbarschaftsvorsteher kam. Nachdem er sich vorgestellt hatte, sagte er feierlich, er sei über den Vorfall tief bedrückt.

»Ihre Eltern sind vom Feind schändlich ermordet worden«, sagte er.

Ich gab ihm zu verstehen, dass ich das längst wusste; ich wollte nur meine Eltern sehen. Mit viel Herumgerede bat er mich, davon abzusehen. Ich müsse meine Eltern in guter Erinnerung behalten, meinte er. Ich sagte, dass ich ihn nicht verstünde und dass er besser aufhören sollte, zu reden.

Ich fragte die Umstehenden, ob sie mir das Grab meiner Eltern zeigen konnten.

Alle beugten den Kopf; niemand wagte, etwas zu sagen. Zwischen ihnen stand auch ein Mädchen, das bei jedem Atemzug ein röchelndes Geräusch machte. Das Geräusch irritierte mich, aber ich sagte nichts dazu, denn ich wusste ja, dass sie nichts dafür oder dagegen konnte. Das lange Schweigen der Leute dagegen machte mich ungeduldig.

»Ach, bitte«, sagte ich halb flehentlich, »es sind doch meine Eltern! Ich habe doch das Recht, sie ein letztes Mal zu sehen?«

Wieder wurde es still um mich herum. Eine alte Frau begann zu schluchzen. Das asthmatische Mädchen atmete schneller. Ich fühlte das Blut in meinen Schläfen pochen. Ich war zornig und mutlos zugleich. Offenbar war ich durch meine Müdigkeit schnell reizbar. Die Reise hatte mich ausgelaugt. Ich war lange nicht mehr gereist. Durch das viele Liegen im Sanatorium war ich die Anstrengungen des täglichen Lebens nicht mehr gewohnt.

Endlich trat ein schmächtiger Mann vor. Er hatte ein großes Muttermal auf der rechten Wange, aus dem ein paar Haare wuchsen. Weiter war nichts Auffälliges an ihm zu entdecken, außer dass er etwas schielte und gelbe Zähne hatte. Er blickte sich schüchtern zum Nachbarschaftsvorsteher um. Der hielt den Kopf immer noch gesenkt. Der Mann mit dem Muttermal räusperte sich und sagte: »Ich werde Ihnen den Weg zeigen.«

Die Umstehenden waren sichtlich erleichtert. Der Nachbarschaftsvorsteher schwieg und runzelte die Stirn, als dächte er an etwas Schwieriges. Aber gleich darauf entspannte sich seine Miene wieder. Er wartete mit Interesse ab, was als Nächstes passierte. Der Mann mit dem Muttermal machte sich auf den Weg, und ich folgte ihm. Die Menge blickte uns kurz neugierig nach und zerstreute sich anschließend. Im Gehen warf ich noch einen kurzen Blick zurück auf den Schutthaufen, der einst unser Zuhause gewesen war.

Mein Vater hatte wegen der unruhigen Zeiten nicht gewagt, auf der Bank Geld einzuzahlen. Er hatte alles in Juwelen und anderen Gütern angelegt. Diese waren nicht mehr auffindbar. Vielleicht waren sie auch gestohlen, aber das spielte für mich keine Rolle. Ich war bettelarm geworden.

Mein Begleiter schritt etwas schneller aus. Er blickte immer geradeaus und sagte nichts. Ich konnte nicht neben ihm gehen, weil der Weg zu schmal war, also ging ich hinter ihm. Wenn ich geradeaus blickte, sah ich nur seinen Rücken. Sein schaukelnder Gang machte mich schwindlig, deshalb versuchte ich, so viel wie möglich in eine andere Richtung zu sehen. Den Schwindel konnte ich trotzdem nicht ganz loswerden. Ich bekam ein seltsames Gefühl im Magen. Das Blut pochte laut in meinem Kopf, und hin und wieder rülpste ich. Ich spürte, wie meine Glieder matt wurden. Der Tag war zu anstrengend für mich gewesen. Doch ich hielt durch und lief tapfer hinter meinem Wegführer her. Den Blick richtete ich jetzt unverwandt auf sein blaues Hemd, das auf und ab und hin und her tanzte. Schließlich erkannte ich wenig mehr als eine blaue Masse, die vor meinen Augen zitterte und unwirklich fern erschien. Wie ein Automat trottete ich hinter meinem Wegführer her.

Abrupt hielt er an und ich prallte gegen ihn. Er

lächelte amüsiert, als hätte ich mir einen Scherz mit ihm erlaubt.

»Hier ist das Grab«, sagte er, während er sich nach mir umsah. Er zeigte auf eine Lichtung unter einem großen Baum, etwa zehn Meter vor uns. Ich antwortete nicht und ließ den Blick zwischen dem Grab und der Umgebung hin und her wandern. Ich erkannte ein Stück zerwühlten Grund, in dessen Enden zwei Holzpfähle eingelassen waren. Der Boden war mit ein paar Blumen bestreut. Der große Baum, unter dem sich das Grab meiner Eltern befand, war sehr schattig. Weiter gab es noch Sträucher und kleine Bäumchen um die Lichtung herum. Fünfzig Meter vor mir erblickte ich zwischen den Bäumen die Reisfelder. Mir war dieser Platz unbekannt. Aber da wir nicht weit gegangen waren, musste er recht nah an unserem Haus sein. Ich hatte mir früher nie die Mühe gemacht, das schöne Umland zu erkunden. Naturschönheit hat mich nie interessiert. Meine Mutter hatte unsere Villa vor einigen Jahren hier bauen lassen, ihr erschien die Gegend prachtvoll und ruhig. Sie lag am Stadtrand, und gleich hinter unserem Haus begannen schon die Reisfelder. Ich war damals nicht besonders angetan von dieser Wahl, weil ich es so weit mit dem Rad hatte, wenn ich in die Innenstadt wollte. So hielt ich mich immer im Haus auf. Wollte ich frische Luft schnappen, ging ich in die Stadt.

Der Mann mit dem Muttermal sah mich fragend an. Ich wusste auch nicht, was ich tun sollte, und blickte unentschlossen geradeaus. Ich wusste nicht, weshalb ich mich elender fühlte – war es der Tod meiner Eltern oder das Schwindelgefühl? Vielleicht das zweite noch mehr. Das erste drang nur nach und nach zu mir durch. Es erschien mir wie ein Traum oder ein Scherz meiner Mitmenschen.

Mein Wegführer sah mich immer noch an. Ich fragte, warum meine Eltern gerade hier begraben waren.

»Der Friedhof liegt gleich bei der Kaserne des Feindes, Tuan[*].«

»Aber sie werden doch wohl kein Begräbnis beschießen?«

»Es gibt viele verirrte Kugeln, Tuan.«

---

* Anrede für einen Höhergestellten (Anm. d. Übs.).

Ich fragte nicht weiter. Wir schwiegen wieder. Mein Lotse kauerte sich auf den Boden. Ich starrte benommen abwechselnd auf den Baum und das Grab. Plötzlich sagte ich zu meinem Wegführer: »Ich will meine Eltern sehen.« Ich wusste nicht, ob es mir damit wirklich ernst war. Es erschien mir eher wie eine logische Konsequenz dessen, was ich dem Nachbarschaftsvorsteher und den anderen Leuten gesagt hatte. Es war sogar die bloße Wiederholung davon. Aber die Wiederholung hatte für mich an Bedeutung eingebüßt. Es war mir jetzt egal, ob ich meine Eltern sah oder nicht. Ich fühlte mich elend.

»Möchten Sie, dass wir Ihre Eltern wieder ausgraben?«, fragte mein Wegführer.

Ich zögerte. Ich spürte, dass ich nicht mehr imstande sein würde, meine Bitte ein weiteres Mal zu wiederholen.

»Nein, gehen wir lieber«, antwortete ich. »Ich bin müde. Ich möchte mich irgendwo hinlegen.«

»Dann sollten wir zu Pak* Djupri gehen«, sagte der Lotse. Ich sagte, ich kenne ihn nicht.

---

* *Pak* (Vater) bzw. *Bu* (Mutter) sind übliche Anreden für

Er warf mir einen verdutzten Blick zu. »Ein Pächter Ihrer Eltern. Sechs Hektar der Reisfelder, die Sie vor sich sehen, sind Eigentum Ihrer Eltern. Auch das Grab liegt auf Ihrem eigenen Grund.«

»Ach ja?«, sagte ich. »Das wusste ich nicht.«

Mir war zwar bekannt, dass meine Eltern irgendwo etwas Land gekauft hatten. Aber die ganze Landfrage interessierte mich überhaupt nicht.

Wir machten uns schweigend auf den Weg zum Haus des Pächters.

»Beim Grab ist mir etwas Merkwürdiges aufgefallen«, unterbrach ich nach einer Weile die Stille. »Ich habe nur ein Grab gesehen. Wo liegt das andere?«

»Wir haben nur ein Grab für Ihre Eltern ausgehoben«, sagte er.

Das erschien mir seltsam, aber ich schwieg. Ich wollte ihn lieber später noch mal fragen.

»Wir konnten nichts anderes tun«, fuhr mein Lotse fort.

Ich antwortete nicht.

---

erwachsene Männer und Frauen (Anm. d. Übs.).

Wir liefen noch eine Weile im Zickzack durchs Gebüsch, wo Hühner und anderes Federvieh nach Würmern pickten und einander begatteten, ohne sich an der Mittagshitze zu stören. Ich selbst war schon am Ende meiner Kräfte und sehnte mich nach einer Matratze, um mich etwas auszuruhen. Ich konnte die Augen kaum noch offenhalten, aber wenn ich sie schloss, blickte ich auf eine Fläche, die hellrot war und brütend heiß, sodass ich nicht anders konnte, als sie wieder aufzumachen. Aber sobald ich sie wieder öffnete, wurde ich vom grellen Licht übermannt, das mir bis ins Innere drang. Dann musste ich sie wieder schließen.

Ich war froh, als ich endlich ein Dach über dem Kopf hatte.

Das Haus war ein Holzbau, nicht groß und machte einen reinlichen Eindruck. Es stand auf Pfählen, wie so viele Häuser im Sundaland. Anscheinend ist es in solchen Bauten kühler.

Ich wurde von einem kleinen Mann mit großem Schnurrbart und hoher grauer Filzmütze auf dem Kopf empfangen. Er zwinkerte häufig mit den Augen, aber das geschah sicherlich mehr aus

Gewohnheit als aus Nervosität. Er hatte ständig ein Lächeln im Gesicht, als wollte er sich für alles, was er tat, entschuldigen. Er stellte sich mir respektvoll als Pak Djupri vor.

Wir setzten uns in den vorderen Laubengang. Wir wechselten nur wenige Worte. Nicht lange danach erschien die Pächtersfrau mit heißem Kaffee. Der Kaffee tat mir gut, aber mein elendes Gefühl ließ nicht nach. Ich sagte dem Pächter, ich sei müde, und bat, mich irgendwo hinlegen zu dürfen. Er bot mir ein Bett an. Es roch nach Parfüm. Später stellte sich heraus, dass es seiner Tochter gehörte. Ich war bald eingeschlafen. Nach einer halben Stunde weckte mich der Hunger. Die Speisen standen schon bereit, sie hatten auf mein Erwachen gewartet.

Während des Essens fiel mir wieder ein, dass meine Eltern umgebracht worden waren, und sofort war ich das Essen wieder leid. Sie aßen ohne mich weiter. Durch den Schlaf war ich zwar weniger müde, aber mein Kreuz und meine Beine schmerzten. Nach dem Essen rauchten wir eine Zigarre. Ich bat den Pächter und den Mann mit dem Muttermal, mir die Wahrheit über den Hergang des Mordes zu sagen. Der Pächter zwirbelte leicht die Spitzen seines Schnurrbarts und sagte: »Ach, Den*, es war schrecklich.«

Er schüttelte den Kopf und starrte nachdenklich in eine Ecke des Zimmers.

»Ihre Eltern waren Menschen, die keinem etwas Böses wollten. Wir finden es schrecklich, was passiert ist.«

Er schwieg wieder.

»Gestern früh fuhr ein Truck mit fünfzehn Soldaten in unseren Bezirk. Sie hielten vor dem Haus Ihrer Eltern. Augenzeugen zufolge fragten sie, ob dort Herr Suminta wohne. Als Ihr Vater bejahte, schoss man ihm in den Bauch. Ihre Mutter, die ihm zu Hilfe eilen wollte, wurde ebenfalls niedergeschossen. Danach wurde sie misshandelt ... Ihr Haus wurde in Brand gesetzt. Wir konnten das Feuer nicht löschen. Die Leichen Ihrer Eltern konnten wir zum Teil aus dem brennenden Gebäude retten. Wir haben dann entschieden, dass Ihre Eltern in einem gemeinsamen Grab beerdigt werden sollten ...«

---

* Anrede für Personen aus gutem Hause.

Ich hatte Pak Djupri schweigend zugehört. Weshalb der Feind meine Eltern getötet hatte, wurde nicht deutlich. Ich fragte die Anwesenden – sie wussten es auch nicht. Als Arzt hatte Vater einfach seine Arbeit tun wollen, weiter nichts. Er hat auch nichts Großes für das Volk und seinen Kampf geleistet, außer dass er Kranke heilte. Gelegentlich hat er noch den Waisenhäusern etwas Geld gespendet. Das war alles.

Nach der Erzählung des Pächters hatte ich das dringende Bedürfnis, meine Eltern zu sehen. Ich sagte ihm, was ich vorhatte. Er stimmte zu und würde sie ausgraben. Auch der Mann mit dem Muttermal war bereit, mir zu helfen. Als wir aufbrachen, weinte die Pächtersfrau, als ginge es um ihre eigenen Eltern.

Gleich nach der Ankunft begannen der Pächter und der Mann mit dem Muttermal, der Kutscher war, mit dem Graben.

Ich beobachtete mit gespannter Aufmerksamkeit, wie sie mit ihren Spaten die rote Erde aufnahmen und wegschaufelten. Der umgegrabene Boden duftete frisch. Und doch hatte dieser Duft etwas

Erstickendes an sich. Fast wie die Wälder um das Sanatorium herum. Später musste ich oft an meine Eltern denken, wenn ich den Duft frisch umgegrabener Erde roch.

Das eintönige Graben langweilte mich. Im Stillen dachte ich, dass diese Plackerei eigentlich nicht die Mühe wert war. Ich hatte bestimmt genug Fantasie, um mir das ungefähre Aussehen meiner Eltern vorzustellen. Vielleicht hatte der Nachbarschaftsvorsteher ja recht, und es hatte wirklich keinen Sinn. Außerdem war es wohl auch nicht richtig, gegen die Totenruhe zu verstoßen.

Ich befahl den beiden Männern, aufzuhören. Ich brauchte meine Eltern nicht zu sehen.

Die Männer hoben den Blick und stellten ihre Arbeit ein. Der Kutscher sah zu mir hinüber, als ob er mir insgeheim Vorhaltungen machte.

Ich fühlte mich schuldig. Er hatte diesen Tag sinnlos vergeudet. Weil er Anstand bewiesen hatte, war der heutige Tag für ihn sinnlos geworden. Mir fiel die Szene vor meinem Haus ein, als kein anderer mich zum Grab hatte führen wollen. Da hatte ich gesagt, ich wolle meine Eltern sehen. Vielleicht war er gerade deshalb mitgegangen. Er wollte die Leichen selbst sehen. Bestimmt war das der Grund, warum er mich so vorwurfvoll anstarrte.

Ich fragte ihn, ob er die Leichen schon früher gesehen hatte. Er sagte ja, das habe er.

Ich warf ihm einen verblüfften Blick zu. Dann bezog sich der Vorwurf an mich wohl auf die Sinnlosigkeit seines Tuns. Ich dachte an mein Studium. Es stimmt, es ist scheußlich zu wissen, dass etwas sinnlos ist. Es ist kaum auszuhalten.

Ich sagte den Männern, dass ich es mir anders überlegt hätte. Der Kutscher lächelte und grub weiter. Der Pächter verzog keine Miene. Es war ihm offenkundig gleichgültig.

Schließlich waren sie fertig. Ich sah zwei in Weiß gehüllte Gestalten, die nebeneinander im Grab lagen. Gemäß dem Brauch hatte man sie nicht in Särge gebettet, sondern in weiße Tücher gewickelt. Der Stoff war durch das Erdreich hellbraun verfärbt. Pak Djupri wollte sie schon aus dem Grab heben, als ich ihm sagte, das sei nicht nötig. Er öffnete das Totengewand. Als ich meine Eltern erkannte, überkam mich ein starker Würgereiz. In der Nase verspürte ich ein scharfes Stechen, das mir bis ins Gehirn schoss. Aufmerksam betrachtete ich die Leichen. Die Gesichter meiner Eltern ähnelten denen von Kindern, die im Dreck gespielt haben. Sie waren mit schwarzen Flecken übersät. Ich dachte, es müssten Blutflecken sein. Sonst waren ihre Gesichter unversehrt. Die Münder klafften. Vater machte die Miene eines Menschen, der sich wunderte. Mutter wirkte erfreut, als hätte eine ihrer Anekdoten großen Beifall gefunden. Es schien, als grinste sie.

Vaters grauer Schopf war kaum noch sichtbar. Sein Kopf war von einer Schmutzschicht überzogen. Laut Pak Djupri hatte man ihm den Schädel eingeschlagen. Die Körper waren verunstaltet. Es schien mir vernünftig von den Leuten, sie in einem einzigen Grab ruhen zu lassen.

Ich mochte die Leichen nicht lange anschauen. Nach wenigen Minuten gab ich Pak Djupri ein Zeichen, dass es genug sei und er die Leichen wieder verhüllen könne. Sie begannen wieder Erde aufzunehmen und wegzuschaufeln, jetzt in umgekehrter Richtung.

Ich sah nicht zu ihnen hin. Ich starrte auf die Bäume vor mir. Was ich gesehen hatte, war abstoßend – jeder hätte es abstoßend gefunden. Vielleicht war es mir sogar weniger abstoßend vorgekommen als anderen, obwohl es sich hier um meine eigenen Eltern handelte. In dieser Hinsicht hatte ich ein Gefühl für Verhältnismäßigkeit. Ich war auch mehr als andere an Ereignisse gewöhnt, bei denen Blut floss. In meiner Kindheit hatten wir in der Nähe eines Schlachthofs gewohnt. Der Leiter war ein guter Bekannter meiner Eltern, deshalb durfte ich oft zusehen, wie die Tiere geschlachtet wurden. Ich bewunderte den Schlächter, der einer Kuh völlig ungerührt die Kehle durchschnitt und ruhig zuließ, dass seine Hände in warmem Blut gebadet wurden. Vielleicht hatte ich aus demselben Grund großen Respekt vor den Chirurgen. Es hatte eine Zeit gegeben, in der ich Chirurg werden wollte. Ein Chirurg hatte meiner Mutter einmal das Leben gerettet, als sie ein Problem mit dem Unterleib hatte. Schlachteten wir ein Huhn (was unser Diener erledigte), ließ ich es mir danach nicht nehmen, das Tier zu operieren und zu sezieren. Das fand ich eine angenehme Beschäftigung. Nur eines störte mich: Die Opfer im Schlachthaus mussten zum Teil einen langen Todeskampf erdulden. Das erschien mir sinnlos und grausam.

Was mich auf dem Rückweg zum Haus des Pächters beschäftigte, war jedoch nicht das Schauspiel, dem ich soeben beigewohnt hatte, sondern die Frage, ob meine Eltern nicht unnötig gelitten hatten. Ich wusste auch immer noch nicht, aus welchem Grund der Feind meine Eltern getötet hatte. Pak Djupri hatte gesagt, mein Vater hätte eine Kugel in den Bauch gekriegt. Ich glaubte nicht, dass sie tödlich gewesen sein konnte, es sei denn, sie hatte die Hauptschlagader getroffen. Ich fragte Pak Djupri, ob meine Eltern nach den ersten Schüssen sofort tot waren. Darüber wusste er nichts. Der Mann mit dem Muttermal konnte mir auch nicht antworten. Der Pächter versprach mir, genauere Einzelheiten bei Augenzeugen einzuholen. Auch bat ich den Pächter, für mich zu untersuchen, welche Motive der Tötung zugrunde gelegen hatten. Vielleicht konnte ich dann meinen Frieden damit machen. Ich hatte schließlich kein Recht, mich gegen eine Mordtat aufzulehnen, die, mochte es sich bei den Opfern auch um meine eigenen Eltern handeln, berechtigt war. Natürlich war ich deshalb traurig. Aber meine Trauer durfte keinesfalls das erforderliche Maß, wenn ein Sohn seine geliebten Eltern verliert, übersteigen. Der erbärmliche Zustand meiner Eltern durfte für mich kein Grund sein, mir den Vorfall mehr zu Herzen zu nehmen als bei einem natürlichen Tod erforderlich. Ich hatte kein Recht dazu, wollte ich mich nicht lächerlich machen. Aber ich musste wissen, ob die Mordtat ihren Grund gehabt hatte. Dann hätte sie nämlich einen Sinn gehabt, und ich hatte nichts weiter zu sagen. In so einem Fall wäre sie der eigene Wille meiner Eltern gewesen, und auch sie selbst hätten das so gesehen. Die Tötung wäre dann die Wirkung einer Handlung, zu der sie selbst den Anlass gegeben hatten. Niemand hätte das Recht, gegen sie aufzubegehren, nicht einmal ihr Sohn, und wenn er seine Eltern tausendmal liebhatte. Sie wäre eine Sache von Ursache und Wirkung gewesen, gegen die man nichts vorbringen konnte, ohne sich lächerlich zu machen.

3

Ich teilte Pak Djupri mit, dass ich beabsichtigte, am Grab meiner Eltern zu wachen. Er sagte, dass ich richtig handelte. Die Totenwache zu halten sei mehr oder weniger Brauch. Er würde mir ein paar Decken bringen, denn die Nächte seien oft kalt um diese Jahreszeit. Mein Plan war es, drei aufeinanderfolgende Nächte bei meinen Eltern zu wachen. Der Pächter fand das zwar ein wenig unüblich, aber er verstand es.

Nach dem Abendessen machte ich mich auf den Weg. In der Stadt fielen vereinzelte Schüsse. Es waren die einzigen Geräusche, die die Stille zerrissen. Natürlich hörte ich fast unablässig Grillengezirp im Gras und hin und wieder das Flattern einer Fledermaus oder den Ruf eines Waldkäuzchens; Geräusche, die von Schriftstellern dankbar verwendet werden, um ihre Geschichten auszuschmücken. Für mich hatten sie keinerlei Bedeutung. Ich liebte nun mal die Naturschönheit und was dazu gehört nicht. Meine Gedanken waren völlig durch das Großereignis in Beschlag genommen, das ich ab sofort zu bewältigen hatte. Ich versuchte, Ordnung in die Dinge zu bringen. Und ich musste mir langsam darüber klar werden, wie der Tod meiner Eltern mein eigenes Leben verändern würde.

Ich musste feststellen, dass ich jetzt allein auf der Welt und bettelarm war. Das alles war mir nicht so wichtig. Meine Eltern wären sowieso heute oder morgen gestorben. Es wäre natürlich besser gewesen, sie hätten die zehn Jahre, die ich ihnen noch gegeben hatte, auch wirklich erleben dürfen. Was den Besitz und die Liegenschaften betraf: Mir war bewusst, dass ich an ihrem Erwerb nicht den mindesten Anteil gehabt hatte. Es wäre völlig unsinnig, mich jetzt, wo man sie mir entrissen hatte, über Besitztümer aufzuregen, die durch anderer Leute Schweiß zusammengetragen worden waren. Wichtiger war für mich, dass die Existenz meiner Eltern und des Besitzes, nachdem beide in meinem Leben bestimmte Funktionen erfüllt hatten, nun der Vergangenheit angehörte. Folglich galt es, möglichst schnell eine neue Haltung zum Leben einzunehmen. Nicht, dass ich es für wichtig hielt, aber es war nun mal notwendig, dass ich den Tatsachen ins Auge sah. Zuallererst musste ich also konstatieren, dass ich Waise war und keine Bleibe mehr hatte. Hinzu kam, dass ich kein Geld hatte – was automatisch zur Konsequenz hatte, dass ich meine Pläne, Malerei zu studieren, aufgeben musste. Das hieß aber nicht, dass ich mein Medizinstudium wieder aufnahm. Erstens machte der Tod meines Vaters dieses Studium für mich sinnlos. Und das Problem der Mittel durfte ebenfalls nicht auf die leichte Schulter genommen werden, obwohl es nicht so ins Gewicht fiel wie der erste Punkt. Mit diesen Fakten vor Augen würde ich mich also auf meine Zukunft konzentrieren müssen, doch ich fand, ich sollte besser noch eine Weile mit dem Nachdenken darüber warten. Es war schließlich erst einen Tag her, dass meine Eltern gestorben waren, und jetzt, wo ich bei ihnen Wache hielt, schien es auch nur anständig, wenn ich meine Gedanken mehr ihnen als meiner Zukunft zuwandte. In der momentanen Situation war es nicht leicht einzuschätzen, was ihr Tod bedeutete. Ich verspürte einen aufsteigenden Groll. Es musste ohne jede Frage etwas gegeben haben, weshalb sie nun so grausam umgebracht worden waren. Ich hätte es nur für angemessen erachtet, wenn sie mich, ihren einzigen Sohn, in ihr Geheimnis eingeweiht hätten, damit ich mich einigermaßen auf das Bevorstehende vorbereiten konnte. Offenbar stand ja ihr Leben auf dem Spiel! Dass ihr Geheimnis mich nichts anging, schied als Rechtfertigung für ihr Versäumnis aus. Als Sohn hatte ich immerhin ein großes Interesse an dem, was ihnen widerfuhr. Schließlich war ich der Hauptgeschädigte, wenn sie umkamen. Zumindest war ich gezwungen, eine ganz neue Lebenshaltung einzunehmen. Es brachte mich auf, wie unerwartet das alles geschah. Ich wurde von den Fakten überrumpelt. Solchen Unannehmlichkeiten wäre ich lieber aus dem Weg gegangen. Unwillkürlich warf ich meinen Eltern vor, was sie mir hiermit antaten. Aber ebenso schnell, wie der Gedanke in mir aufgekommen war, verwarf ich ihn wieder. Er war voreilig: Das alles beruhte auf Mutmaßungen. Und selbst wenn der Gedanke richtig war, wäre es trotzdem zu spät gewesen. Meine Eltern waren schließlich tot. Und ich liebte sie zu sehr, um ihnen ihr Versäumnis nicht zu vergeben.

So wie die Dinge jetzt standen, konnte ich aus dem, was passiert war, keine Schlüsse ziehen. Es hing zu viel davon ab. Ich blickte lustlos um mich. Es war stockfinster. Der Mond würde wohl erst nach Mitternacht scheinen, oder vielleicht auch nicht um diese Jahreszeit. Um mich herum herrschte Stille. Das Schießen in der Stadt hatte aufgehört. Jetzt hörte ich nur das Rauschen der Bäume. Wind kam auf, und es wurde ein wenig frisch. Ich wartete auf die Decken, die der Pächter mir versprochen hatte. Ich musste nicht lange darauf warten. Pak Djupri kam und reichte sie mir. Er fragte, ob ich noch etwas anderes benötigte.

Als ich verneinte, wollte er wieder gehen. Da fragte ich ihn doch, was man eigentlich zu tun hatte, wenn man an einem Grab Wache hielt. Er sah mich verwundert an. Ich müsse selbstverständlich für das Wohlergehen meiner Eltern beten, sagte er. Für mich war das nicht so selbstverständlich, aber ich ging nicht weiter darauf ein und dankte ihm. Er ging fort. Davor sagte er noch, dass ich ihm Bescheid geben sollte, wenn ich irgendetwas brauchte.

Wieder kehrte Stille ein. Ich wollte meine Gedanken erneut auf meine Eltern richten, stieß aber auf dieselbe Schwierigkeit wie zuvor. Mir fielen andere

Dinge ein, aber sie waren zu läppisch, um gedacht zu werden.

Die Zukunft hatte mich zwar beschäftigt, doch nur flüchtig. So wie die Dinge jetzt standen, konnte ich nichts anderes tun, als mir eine Anstellung zu suchen. Ich würde Beamter werden müssen. Eine andere Möglichkeit sah ich nicht. Das war die einzige Klarheit, die hinsichtlich meiner Zukunft bestand. Für mich spielte es keine große Rolle.

Wichtiger war eine neue Lebenshaltung. Die würde ich nicht so ohne weiteres einnehmen können: Ich durfte mich dabei nicht zu weit von der Realität entfernen, musste erst meine Lage bestimmen. Das bedeutete, dass ich in den Staatsdienst treten musste. Erst danach konnte der Rest auf die Tagesordnung kommen. Was mehr oder weniger feststand war, dass ich durch meine schwache Position nach dem Brand und dem Tod meiner Eltern genötigt war, in Bezug auf meine Mitmenschen zu heucheln. Mein jetziger Zustand war so verwundbar, dass ich nicht ich selbst bleiben konnte. Das hieß, ich musste der Meinung anderer mehr Beachtung schenken. Mir selbst erschien sie nicht wichtig, das hatte ich auch oft durchscheinen lassen. Das ging nun nicht mehr.

Es gab noch mehrere wichtige Dinge, die ich lieber aufschob, bis Klarheit in meine Umstände kam. Ich hatte also wirklich nichts, was das Überdenken lohnte.

Sobald der Pächter fort war, habe ich für meine Eltern gebetet. Das ist eigentlich nicht ganz richtig. Besser wäre es zu sagen, dass ich den Gott meiner Eltern zu ihren Gunsten in Anspruch genommen habe. Ich habe diesen Gott gebeten, alles für sie zu geben. Weiter wusste ich nichts zu sagen.

Ich kann mich nicht erinnern, was ich in dieser Nacht sonst noch gemacht habe. Wahrscheinlich nichts. Vielleicht dachte ich an viele belanglose und womöglich erfundene Dinge. Ich schlief, ohne etwas davon zu bemerken. Das Hecheln eines Hundes, der neben mir auf der Matte saß, ließ mich aufschrecken. Es war ein schöner Morgen mit Vogelgesang und Hahnenschrei. Ich streckte meine Glieder aus und blickte zu dem Hund. Anscheinend war er das Sitzen leid, denn er lief mit aus dem Maul hängender Zunge davon. Ich trieb ein wenig Grabpflege, doch da war nicht viel zu pflegen. Es wuchs noch kein Unkraut darauf, und die zwei Männer hatten das Erdreich so sorgfältig aufgeschichtet, dass es nichts zu verbessern gab. Die Erde auf dem Grab strich ich trotzdem glatt und stellte die Pfähle an den Enden aufrecht. Danach ging ich zum Haus des Pächters. Ich hielt fest, dass ich die vergangene Nacht sinnlos vertan hatte. Ich bedauerte meine Ankündigung, ich würde drei Nächte wachen.

4

Bei Pak Djupri angelangt, schlief ich bis in den späten Mittag. Beim Erwachen fühlte ich mich unwohl. Ich hatte Kopfschmerzen und Magenbeschwerden. Eine Stunde später musste ich erbrechen. Ich aß etwas und legte mich wieder hin. Ich nahm an, ich hätte mich erkältet. Ich wollte weiterschlafen, was aber nicht gelang. Gegen Abend bekam ich Fieber, das im Laufe der nächsten Stunden anstieg. Pak Djupri sagte ich, dass ich diese Nacht nicht wachen könne, weil ich mich nicht gut fühlte. Ich war froh, dass ich einen akzeptablen Grund hatte, um nicht zu wachen. Wäre ich nicht krank geworden, ich hätte nicht gewusst, wie ich mich dafür rechtfertigen sollte. In Wirklichkeit hatte ich keine Lust mehr zu wachen, aber das konnte ich dem Pächter nicht ins Gesicht sagen. Er empfand große Achtung vor meinen Eltern und hatte selbst eine Nacht am Grab gewacht. Von mir erwartete er natürlich noch mehr, denn ich war ihr Sohn. Eigentlich war es mir gleichgültig, was er von mir hielt, doch ich war von ihm abhängig. Arm und krank, wie ich war, musste ich das Essen und den Unterschlupf, den er mir gab, wohl oder übel annehmen. Ich musste seine Ansichten also unbedingt berücksichtigen.

An diesem Abend betete und sang der Pächter für das Seelenheil meiner Eltern. Im Bett liegend, hörte ich aufmerksam zu. Ich hielt nicht lange durch. Pak Djupris eintönige Stimme machte mich müde und schläfrig. Ich schlief ein. Mitten in der Nacht erwachte ich wieder. Danach konnte ich nicht mehr einschlafen.

Mein Zustand war schlimmer, als ich angenommen hatte. Am nächsten Tag hatte ich hohes Fieber und keine Lust zu essen. Der Pächter holte aus eigenem Antrieb den Arzt, der mir ein Rezept verschrieb – wie sich herausstellte, für gewöhnliches Aspirin. Er erkannte offenbar nicht, was mir fehlte. Ich wollte ihm sagen, dass ich lungenkrank war und das Fieber wahrscheinlich dadurch ausgelöst wurde, aber ich hatte wenig Lust zu reden. Er hatte mich außerdem nicht danach gefragt. Ich selbst war überzeugt, dass das Fieber von meiner Tuberkulose kam. Zumindest hatte ich das Sanatorium als nicht völlig Genesener verlassen. Und ich hatte eine anstrengende Reise unternommen, was ich seit langem nicht mehr gewohnt war. Der Trubel danach hatte mir ebenfalls eher geschadet als genützt. Obwohl ich keinen Appetit hatte, nahm ich mir vor, so viel wie möglich zu essen.

Am dritten Tag begann das Fieber zu sinken, ich litt aber immer noch an Nachtschweiß. Da erfuhr ich von Pak Djupri, dass meine Eltern laut Augenzeugen an den Misshandlungen gestorben waren. Die ersten Kugeln seien nicht tödlich gewesen. Die Nachbarschaft habe die Hilfeschreie meiner Eltern nach den Schüssen noch eine Zeitlang hören können. Ich fand es grausam, dass sie meine Eltern so hatten leiden lassen. Von da an wurde mein Bedürfnis zu erfahren, warum man sie getötet hatte, noch größer. Die Misshandlungen erschienen mir sinnlos, es sei denn, der Feind wollte dadurch Geständnisse von meinen Eltern erzwingen. Aber dann ergaben die ersten Schüsse keinen Sinn. Die ganze Sache war mir suspekt. Der Pächter versprach, sein Möglichstes zu tun, um die Gründe der Tat aufzuklären.

Unterdessen besserte sich mein Zustand allmählich, obwohl ich in der dritten Woche mehrmals Blut hustete. Der Arzt kam erneut und riet mir, mich in ein Sanatorium einweisen zu lassen, was ich jedoch ablehnte. Ich versprach aber, mich zu festgesetzten Zeiten röntgen zu lassen. Er empfahl mir unbedingte Ruhe.

Die Verpflegung beim Pächter war gut. Seine Gattin, eine würdevolle alte Frau mit aristokratischen Zügen, umsorgte mich wie ein eigenes Kind. Was das betraf, konnte ich also nicht klagen. Was mich aber ständig quälte, war der Gedanke, dass meine Eltern womöglich sinnlos gelitten hatten. Irgendwann konnte mir der Pächter dann Details ihrer Ermordung erzählen. Doch Pak Djupris Bericht weckte Bitterkeit in meinem Herzen. Der Mord erwies sich als Irrtum. Ein Spion hatte den Anführer einer großen Sabotage gemeldet, durch die Dutzende feindliche Soldaten ums Leben gekommen waren. Er hatte denselben Namen wie mein Vater, aber der Spion hatte den falschen Wohnort angegeben. Meine Eltern fanden durch diesen Fehler den Tod.

Damit konnte ich mich nicht abfinden. Ich sah die Willkür. Durch einen kleinen Irrtum einer so drittklassigen Figur wie eines Spitzels war der Tod meiner Eltern vollkommen sinnlos geworden. Und damit auch ihr Leben, ihre gesamte Existenz. Meine Eltern hätten noch mindestens zehn Jahre leben können. In diesen zehn Jahren konnte noch viel geschehen. In diesen zehn Jahren konnte der tiefere Sinn ihres ganzen Lebens enthalten sein. Ich dachte nicht nur an die Forschungsarbeit, die mein Vater auf dem Gebiet der Malaria leistete. Wir alle gehen ja von Anfang an einen Weg, den wir bewusst und unbewusst gewählt haben und der zum tieferen Sinn unseres Lebens führen soll. Bei meinen Eltern war dieser Weg durch das Versehen eines Spions abgeschnitten worden.

Ich war verzweifelt und bis ins Mark erbittert. Die Sinnlosigkeit von all dem war für mich nicht hinnehmbar. Der Schmerz war unerträglich. In diesem Moment fasste ich den Plan, Rache zu nehmen. Sobald ich wiederhergestellt war, wollte ich mich einer Kampfgruppe anschließen, so nahm ich mir vor. Ich hatte keine andere Wahl. Für eine Beamtenlaufbahn hätte ich nicht mehr getaugt.

Zu meiner Freude konnte ich feststellen, dass meine Gesundung täglich fortschritt. In etwa sechs

Monaten würde ich genesen sein, meinte der Arzt. Bei der langen Dauer meiner Erkrankung konnte ich das nur ermutigend finden.

Um diese Zeit herum teilte Bu Djupri mir mit, dass ihre Tochter im Lauf der nächsten Tage wieder nach Hause zurückkehren würde. Sie hatte ein halbes Jahr bei ihrem Bruder in einer Provinzstadt verbracht. Ich wusste schon länger von ihrer Existenz. Bu Djupri hatte mir viel von ihren Kindern erzählt. Sie konnte recht gut erzählen, sodass ich ein ziemlich genaues Bild von ihnen hatte. In Wirklichkeit interessierte es mich wenig, aber es schien mir trotzdem wichtig, das eine oder andere über die Familie meiner Wohltäter zu wissen.

Eines Morgens traf ihre jüngste Tochter ein. Äußerlich entsprach sie tatsächlich der Beschreibung ihrer Mutter; wie sich herausstellte, war Bu Djupri in dieser Hinsicht sogar bescheiden gewesen. Sie nannte mir ihren Namen. Den wusste ich schon von ihrer Mutter. Ich sagte ihr, dass sie einen schönen Namen habe. Nuraini hieß sie. Das ist ein arabischer Name.

»Weißt du, dass er ›Licht meiner Augen‹ bedeutet?«

Sie errötete und antwortete, ja, das wisse sie. Weil wir weiter nichts herausbringen konnten, lachten wir. Mehr als alles andere war Nuraini charmant. Oft kam sie mich besuchen, nur um über nebensächliche Dinge zu plaudern. Sie schuf eine behagliche Sphäre um mich herum, die meine Genesung förderte. Als ich an die frische Luft durfte, gingen wir zum Grab, um dort Unkraut zu jäten oder Blüten zu streuen. Oft streiften wir durch die nahen Haine. Auf einem dieser Spaziergänge fragte mich Nuraini, was ich tun wollte, wenn ich mich erholt hatte. Ich erzählte ihr von meinen Plänen. Auf einmal fragte sie, ob ich an Gott glaubte.

»Ach, Nur! Ich bin ein Mensch des zwanzigsten Jahrhunderts.«

»Aber Gott existiert zu allen Zeiten, Narta.«

»Das kann sein, aber in jedem Fall hat er es in diesem Jahrhundert versäumt, uns einen Beleg für seine Existenz zu geben. Der Mensch ist erwacht, Nur.«

»Am Ende bürdest du dir damit mehr auf, als du tragen kannst.«

»Dann werde ich in allen Ehren zusammenbrechen, Nur.«

»Du bist hochmütig, Narta.«

»Vielleicht hast du recht, Nur: Ich respektiere mich selbst.«

Wir gingen schweigend weiter. Ich war froh, dass sie das Thema fallenließ. Ich hatte eine Abneigung gegen Gespräche über dergleichen Dinge. Man kann endlos über sie reden, ohne den anderen von der Wahrheit überzeugen zu können, es sei denn, man hat es mit einem Kindskopf zu tun. Wir traten aus dem Wald. Vor uns lagen die Reisfelder. Die schweren gelben Ähren glänzten im Sonnenlicht. Sie erinnerten mich an gewisse Gemälde Van Goghs. Ich fand Gemälde schon immer schöner als die Wirklichkeit. Es liegt wahrscheinlich daran, dass sie von Menschen erschaffen werden. Nuraini fand die Reisfelder schön. Dann sagte sie, dass sie glücklich sei. Ich verstand nicht, warum sie das sagte. Wir schwiegen wieder und beobachteten die Reisfinken, die sich in Schwärmen auf den Feldern niederließen.

Wir standen jetzt unter einer Birkenfeige, wo es angenehm kühl war. Nuraini ergötzte sich an der leuchtenden Szene vor ihr. Eigentlich konnte ich nicht mit Sicherheit sagen, ob sie das wirklich tat. So wie sie da stand, so unbeweglich und starr geradeaus blickend, konnte ich nicht genau wissen, was in ihr vorging. Was mir, nebenbei bemerkt, ziemlich gleichgültig war. Mein Blick war auf ihre Brüste gerichtet, die sich sanft hoben und senkten. Ich dachte an zwei Quallen auf ruhiger See, aber der Vergleich schien mir dann doch nicht glücklich. Ich legte den Arm um ihren Oberkörper und ließ die flache Hand auf ihrer rechten Brust ruhen. Sie erschauerte sanft, wobei sie den Atem anhielt. Als ich ihre Brüste streichelte, wurde ihr Atem unruhiger. Sie legte den Kopf an meine Schulter und seufzte. Ich wusste, dass sie mich liebte, übrigens aus unerfindlichen Gründen. Ich studierte ihr Äußeres. Sie war nicht besonders gutaussehend, aber wie Petschorin[*] bin ich da voreingenommen. Ich sah in jedem Fall keinen Anlass, sie nicht zu lieben. Doch man müsste

---

[*] Grigorij Alexandrowitsch Petschorin, Protagonist des Romans *Ein Held unserer Zeit* (1840) von Michail Lermontov.

äußerst sentimental sein, um so etwas unter diesen Umständen zuzulassen. Es war sicherlich nicht der geeignete Zeitpunkt, um jemanden zu lieben.

An diesem Mittag haben wir einander verführt, trotz der Hitze. Seitdem haben wir schöne Zeiten erlebt. Es war ein Jammer, dass meine Eltern tot waren, denn andernfalls wäre ich nicht gezwungen gewesen, mich mit meinen Plänen zu befassen, und hätte bei Nuraini bleiben können. Nun musste ich sie verlassen, sobald ich wieder gesund war.

Der Tag meines Aufbruchs kam. Der Arzt hatte mich als genesen erklärt. Es bestand kein Grund, länger bei Pak Djupri zu bleiben. Ich verabschiedete mich von ihm und seiner Familie. Die Ländereien hatte ich ihnen zum Dank geschenkt. Vielleicht auch, weil ich daran dachte, jede Verbindung zu dieser Stadt zu kappen. Nuraini begleitete mich zum Bahnhof. Es war unglaublich, wie sehr sie an mir hing, aber wir gaben uns das Versprechen, einander zu vergessen. Es war das Vernünftigste. Trotzdem musste ich ihr versprechen, zu ihr zurückzukehren, sobald meine Aufgabe erfüllt war. Ich habe zugestimmt. Mir blieb auch wenig anderes übrig. Doch ich sagte ihr, dass sie nicht auf mich warten sollte. Sie versprach es. Aber wie sich später herausstellte, hat sie doch Anträge abgelehnt, weil sie auf mich warten wollte. Über ihren Verstand hatte ich mich gründlich getäuscht.

II

1

Der Nachtzug setzte sich pünktlich in Bewegung, was nicht oft vorkam. Auf dem Bahnsteig winkten wie immer Menschen. Ich sah Nuraini mir zuwinken. Es schien, als winkten mir auch die anderen Menschen zu. Für mich waren sie alle gleich. Es wäre albern gewesen, Nuraini einen besonderen Platz in meinem Leben einzuräumen. Ich winkte zurück. Ich winkte allen zu. Nuraini winkte inbrünstig zurück. Ich redete mir ein, dass sie vielleicht anderen Menschen zuwinkte, und langsam glaubte ich sogar daran. Ich lachte über mich selbst. Es war töricht, Gefühlen zu trauen, die so formbar waren. Natürlich winkte Nuraini mir zu. Ich winkte ungestüm zurück; ich konnte nicht anders. Endlich fuhr der Zug eine Kurve und der Bahnhof und die Menschen auf dem Bahnsteig verschwanden. Erleichtert ließ ich mich auf die Sitzbank fallen. Ein Lebwohl ist anstrengend. Ich ziehe es trotzdem einem Wiedersehen vor.

Die Fahrt verlief glatt. Wir wurden zweimal angehalten und durchsucht, einmal vom Feind und das andere Mal von unseren eigenen Soldaten.

Beim zweiten Aufenthalt wurde plötzlich ein Mann aus dem Zug gezerrt. Die Passagiere spähten neugierig durch die Fenster, um das Schauspiel zu verfolgen. Der Unglückliche wurde von mehreren Soldaten über den Bahnsteig geschleift und in einer Wartestube mit Gewehrkolben geschlagen. Im Zug war das Gewimmer des Opfers deutlich zu hören. Die Reisenden kauften danach von den Verkäufern auf dem Bahnsteig Hähnchenschenkel und Sirup oder Kaffee.

Mein Nachbar hatte ebenfalls aus dem Fenster gesehen und etwas von »Schicksalsfügung« gemurmelt. Er kaufte sich ein paar hartgekochte Eier und nahm wieder Platz. Ich wurde auf ihn aufmerksam, weil er der Einzige im Abteil war, der seit unserer Abfahrt kein Wort gesprochen hatte. Er war klein und etwas dickleibig. Die Schläfen waren schon ergraut. Er starrte unablässig geradeaus. Erst dachte ich, er sei schläfrig. Menschen im vorgerückten Alter verhalten sich so, wenn sie schläfrig sind.

Während er mit seinem Ei beschäftigt war, fragte

ich ihn, warum man einen Reisenden misshandelte. Er sah befremdet zu mir hin, als hätte ich etwas Dummes gefragt.

»Er ist ein Spion«, antwortete er kurzangebunden.

Ich war überrascht, einem Spion zu begegnen. Mir fielen meine Eltern ein. Ich sah den Alten an und wagte eine neue Frage: »Woher wissen die Soldaten, dass er ein Spion ist?«

Der Alte tat, als ob er mich nicht hörte, kaute ruhig sein Ei, schluckte. Erst dann richtete er den Blick auf mich und antwortete: »Sie sehen es seinem Gesicht an.«

Er erwartete offenbar eine neue Frage von mir, denn er zögerte mit dem Pellen des nächsten Eis. Ich zögerte meinerseits, da ich es für möglich hielt, dass er noch den Nachgeschmack des vorigen auskostete. Er blickte mich abermals an, vielleicht weil meine Frage ausblieb. Da fragte ich ihn, wie es denn wohl aussah, das Gesicht eines Spions?

Er antwortete: »Wie das eines Spions.«

Da ich nicht wusste, was ich noch fragen sollte, schwieg ich. Der alte Herr nahm sich das zweite Ei vor.

Ich versuchte, den Vorfall zu vergessen. Doch es

schien mir schwierig, und ich konnte nicht richtig denken. Ich war zu benommen von den Sonnenstrahlen, die mir direkt ins Gesicht schienen. Und schließlich, was interessierte es mich? Ich schwieg. Es war schon spät am Nachmittag. Die Sonne würde bald untergehen. Es war jetzt nicht mehr so heiß.

Der Alte blickte mich wieder an. Er blickte mich an wie ein Hund, ausdrucksvoll, aber unbegreiflich. Er lächelte. Er sagte: »Warum haben Sie das gefragt?«

Ich sah verdutzt zu ihm und antwortete: »Um es zu wissen.« Ich wusste nichts Besseres zu sagen.

»Gut, aber was möchten Sie denn wissen?«

Mir wollte nicht so schnell eine Antwort einfallen. Ich fühlte mich durch seine aufdringliche Frage ein wenig gekränkt. Aber ich hätte es schade gefunden, das Gespräch hier enden zu lassen. Er schien mir ein interessanter Mann zu sein. Außerdem war ich quasi verpflichtet, dem alten Herrn Rede und Antwort zu stehen. Ich hatte das Gespräch schließlich angefangen, und er hatte mir aus reiner Gefälligkeit geantwortet. Ihm selbst hatte das Gespräch bisher keinerlei Nutzen eingebracht. Es war nur angemessen, wenn er jetzt etwas von mir erwartete. Es durfte natürlich nicht zu weit gehen. Es durfte nur genau so weit gehen wie die Frechheit, mit der ich ihn vom Verzehr des Eis abhielt. Die Schwierigkeit war, dass mir keine ordentliche Antwort einfallen wollte. Ich ärgerte mich manchmal, wenn ich auf gewöhnliche Fragen nichts zu sagen wusste. Vielleicht war es meinem geringen Konzentrationsvermögen zuzuschreiben; oft trübten Nebengedanken mein Denken. Ich stellte mir vor, ich hätte die Frage meines Nachbarn nicht richtig verstanden. Die ersten Fragen und Antworten kamen mir wieder in den Sinn, der Anblick der Misshandlung, meine Eltern, dann wieder zurück zu dem alten Herrn und seiner Frage, die mir unsinnig erschien und schwierig. Und ich war verpflichtet, ihm zu antworten. Ich fühlte mich hilflos. Ich kam und kam nicht auf die Antwort.

Ich sah es als Glück an, dass ich nie mit der Polizei zu tun gehabt hatte. Es war gut möglich, dass ich die Fragen, die mir gestellt würden, wäre ich des Mordes oder eines ähnlichen Delikts beschuldigt, nicht beantworten könnte. Dann würden die Beamten mich vielleicht für den Täter halten. Und einmal zu einem solchen Schluss gelangt, wären sie nur noch schwer von meiner Unschuld zu überzeugen. In dieser Hinsicht waren Polizisten ebensolche Dickschädel wie alle Beamten im Staatsdienst. Mich schauderte bei dem Gedanken, als Unschuldiger zehn Jahre oder länger Zwangsarbeit zu bekommen, nur weil mir auf ihre Fragen nicht schnell genug eine Antwort einfiel. Vielleicht kam es daher, dass ich in keiner guten körperlichen Verfassung war. Ich fühlte mich dauernd leicht fiebrig. Nun kam noch hinzu, dass mir die Sonne eine Zeitlang ins Gesicht geschienen hatte. Das machte mich müde.

Mein Nachbar sah mich ungeduldig an. Zumindest dachte ich das.

In Wirklichkeit konnte ich nicht wissen, was der alte Herr in diesem Moment dachte. Er war von einer undurchdringlichen Aura umgeben, wie ein Tier.

»War es vielleicht ein Versuch, das, was da geschehen ist, mit Ihrem Gerechtigkeitsbegriff zu vereinbaren?«

Ich fand das eine bessere Antwort als »aus Interesse«, was ich hatte sagen wollen, und sagte daher: »Ja.«

Der alte Herr war offenbar angetan von meiner Fügsamkeit, fragte aber trotzdem: »Ist das wirklich der Grund, warum Sie nach der Episode gefragt haben?«

Ich zögerte. Dann sagte ich, ja, das sei wirklich der Grund meiner Frage. Ein besserer Grund fiel mir nicht ein, und es zu verneinen, ohne ihn durch etwas Besseres zu ersetzen, wäre lächerlich gewesen.

»So-so. Aber das ist gefährlich. Das ist sehr gefährlich.«

Er hatte plötzlich mit dem Eieressen aufgehört. Vielleicht hatte er es auch schon eher getan, und ich hatte es nicht bemerkt. Er rülpste. Er bat um Entschuldigung und sagte, er könne es natürlich sein lassen, aber er schätze es. Er meinte, es sei besser, sich dafür zu entschuldigen, als es sein zu lassen. Es wirke sich günstig auf die Psyche aus.

»Was meinen Sie mit ›gefährlich‹?«, fragte ich, denn es schien mir interessant zu wissen.

»Ihre Gerechtigkeit ist eine Lehrbuchgerechtigkeit. Und bestimmt auch diejenige des Gerichtssaals, zumindest sollte sie es sein. Und wissen Sie, warum es nicht so ist? Weil der Richter ein Mensch ist.

So ist es: weil der Richter ein Mensch ist«, wiederholte er nach einer Weile.

Er schwieg und sann den eigenen Worten mit sichtbarer Zufriedenheit nach.

»Ihre Gerechtigkeit erfordert Wissen. Verstehen Sie mich? Für Sie ist Wissen eine Voraussetzung, um ein Gerechtigkeitsurteil zu fällen. Das lässt die Wirklichkeit nicht zu. Weil die Wirklichkeit mehr ist, als Ihre Voraussetzung umfassen kann. Da kann Ihre Gerechtigkeit ihre Funktion nicht mehr erfüllen.«

Ich schwieg. Ich fand, dass der alte Herr sich mit philosophischen Spekulationen abgab. Wie so mancher Medizinstudent hatte ich wenig Interesse an einem solchen Zeitvertreib; trotzdem war ich gespannt, worauf der alte Herr hinauswollte.

»Aber was wollen Sie dann?«, fragte ich.

»Glauben. Einfach glauben. Dafür braucht es kein Wissen, sondern ein Fühlen. Darauf sollte unsere Gerechtigkeit gegründet sein.«

Er rülpste abermals, bat um Entschuldigung und blickte abwesend geradeaus, wobei er mit der Zunge an seinen Zähnen saugte. Dann wandte er sich wieder an mich: »Schauen Sie, der arme Mann, der eben misshandelt wurde, ist möglicherweise gar kein Spion. Und warum nicht?, können Sie sich fragen. Weil es keine Beweise gibt. Es gibt keinen Beweis, dass er ein Spion ist. Und doch ist er einer. Das fühlen wir. Darum ist er ein Spion.«

Die zwei Mitreisenden – wahrscheinlich ein Ehepaar –, die uns gegenübersaßen und seit der Grenzkontrolle friedlich geschlummert hatten, folgten unserem Gespräch jetzt mit offenen Augen. Sie blickten mich an, weil nun von meiner Seite eine Antwort erfolgen musste. Sie wirkten nicht gerade intelligent. Ihre Art des Anglotzens erinnerte mich an die von Geistesschwachen. Allmählich zog ich auch die Möglichkeit in Betracht, dass mein Nachbar geistig nicht besonders gesund sei. Ich versuchte, unser Gespräch zu rekapitulieren. Mir schien, dass es doch einen gewissen Gehalt hatte. Ich musste versuchen, seiner Denkweise zu folgen.

»Das ist reine Willkür!«, rief ich aus.

Der alte Herr sah erst zu mir, dann auf die Landschaft draußen, die schon fast in Dunkelheit gehüllt war, danach wieder zu mir und sagte: »Ja-ja, wie immer Sie es nennen möchten. Sie nennen es Willkür, weil es Ihr vertrautes System gefährdet: Es weiß sich schlicht nicht damit zu helfen. Deshalb nennen Sie es Willkür. Aber eben dies ist Gerechtigkeit. Daran ist kein Zweifel möglich.«

Er sah wieder geradeaus, von dem Ehepaar vor uns mit schlaftrunkenen Blicken angestarrt. Ich war mir sicher, dass sie kein Wort verstanden hatten.

»Daran ist kein Zweifel möglich«, wiederholte mein Nachbar mit weicherer Stimme. »Für mich ist das, was Sie als Willkür bezeichnen, Gerechtigkeit, und was Sie Gerechtigkeit nennen, ist für mich Kurzsichtigkeit.«

Die Lichter im Zug sprangen wieder an. Die Atmosphäre war jetzt anheimelnder, ähnlich wie in einem Kinosaal.

Plötzlich drehte mein Nachbar sein Gesicht wieder mir zu und fuhr fort: »Sie werden meine Argumentation unglaubwürdig finden. Ich will gar nicht versuchen, Sie von ihrer Richtigkeit zu überzeugen. Aber legen Sie einmal Ihre Bücher beiseite – Sie sind bestimmt Student, nicht wahr, das sehe ich sofort –, legen Sie Ihre Bücher beiseite und lassen das Leben sprechen: Das wird Sie überzeugen. Und darf ich dies noch hinzufügen? Ich habe in meinem ganzen Leben nichts anderes gekannt als das, was Sie Willkür nennen. Auch legitime! Aber glauben Sie, dass ich mich dagegen auflehne?«

Er schüttelte mehrmals langsam den Kopf, während seine Lippen sich verächtlich kräuselten.

»Von wegen«, fügte er zum Überfluss noch hinzu.

»Sie betrachten also die Revolution als etwas Überflüssiges?«

»Nicht, solange das Volk nach dem Sieg zu mehr Wohlstand kommt. Dann bin ich schon lange zufrieden. Mehr darf man auch nicht erwarten von der Revolution.«

Er schwieg. Ich warf ihm einen fragenden Blick zu, schwieg aber ebenfalls.

Der alte Herr räusperte sich und sagte: »Möchten Sie vielleicht wissen, warum ich nicht mehr von der Revolution erwarte?« Er hüstelte und fuhr fort: »Es gibt nichts mehr zu erwarten. Wir haben uns in Ketten legen lassen. Und die werden wir nicht mehr los. Der Geist des wichtigsten Teils unseres Volkes ist bereits von einer Eigenschaft durchdrungen, die durch unsere ehemaligen Herrscher eifrig verbreitet wurde. Sie ahnen bestimmt, was ich meine. Die Kurzsichtigkeit. In dieser Hinsicht wird der Schüler seinem Lehrer gleich werden und ihn womöglich noch übertreffen. Deshalb ist für mich persönlich der Wechsel der Regierung von untergeordneter Bedeutung. Für mich ist der Fall hoffnungslos, wie ich es auch ansehe.«

Er war wieder verstummt. Das Stimmengewirr im Abteil verebbte. Man hörte nur das Summen der Räder, das wie ein Orkan klang, wenn auch gellender; in kurzen Abständen ratterten die Räder über Stellen, an denen Gleise endeten und neue begannen. Hinten im Abteil sang jemand ein eintöniges Lied. Eintönig, das war das Wort: Um mich herum war alles eintönig. Und alle schienen der Eintönigkeit zu lauschen. Niemand sprach ein Wort. Nicht einmal das gedämpfte Klirren der Fenster vermochte die Eintönigkeit zu zerreißen. Es ging selbst in die Eintönigkeit ein.

All das löste in mir ein Gefühl der Verlorenheit aus. Was, wenn ich diese Eintönigkeit leid war? Natürlich konnte ich noch sprechen, um sie zu zerreißen. Aber wenn die anderen keine Lust darauf hatten, kam ich damit auch nicht weiter.

Was, wenn ich das Dröhnen um mich herum leid war? Alles Geschrei würde nicht helfen. Der Zug würde weiterfahren. Dann gäbe keinen anderen Ausweg als aus dem Fenster zu springen oder die Notbremse zu betätigen.

Auf letzteres steht eine Haftstrafe, »wegen Missbrauchs«. Was sie wohl zu meiner Erklärung sagen würden, dass ich die Eintönigkeit leid sei? Sie würden darüber lachen – und ich ins Gefängnis wandern.

In Wirklichkeit ist eine Zugfahrt doch eine grobe Beschneidung unserer Freiheit. Du darfst sie noch nicht mal leid sein. Wenn du offen dazu stehst, beschneiden sie deine Freiheit auf andere Art.

Ich wollte nicht mehr daran denken. Der alte Herr sah wieder geradeaus. Das Ehepaar vor mir schlief wieder. Ich wusste nicht, was ich tun sollte, und versuchte ebenfalls zu schlafen.

2

Der Zug fuhr in meinen Zielort ein. Der alte Herr war eingenickt. Ich verabschiedete mich von ihm und stieg aus. Am Bahnhof herrschte gemütliche Geschäftigkeit. Ich blickte zufrieden auf das Gedränge um mich herum. Verkäufer, Passagiere und außenstehende Zuschauer liefen alle durcheinander. Durch den Lärm hindurch waren die lauten Rufe der Streckenwärter noch deutlich zu hören. Die haben bestimmt geschwollene Halsschlagadern, ging es mir durch den Kopf. Der Schnellzug war jetzt überfüllt. Unter den Zuschauern gab es scharenweise Soldaten. Es waren Burschen, die auf dem Bahnsteig herumtollten und sich balgten und junge Frauen neckten. Mit ihren bunten Uniformen gaben sie dem Bahnhof einen besonderen Anstrich.

Am Ausgang wurde ich von verschiedenen Seiten scharf beobachtet. Es waren anscheinend Leute von der sogenannten Gegenspionage. Sie waren mindestens so gefährlich wie die Spione selbst. Der Hochbetrieb draußen stand dem im Bahnhofsinneren nicht nach. Schreiende Kutscher boten ihre Fahrzeuge mit schlecht genährten, aber tadellos mit Federn herausgeputzten Pferdchen an. Junge und alte Mädchen flanierten an der Seite eines Offiziers durch die schummrigen Gässchen. Prostituierte lachten und kreischten, als wollten sie dadurch ihre Anwesenheit unterstreichen. Auf dem Bahnhofsvorplatz redeten Aufkäufer wortreich auf Reishändler ein, besprachen den Preis eines wertvollen Produkts, das sie im besetzten Gebiet für einen hohen Preis losschlagen wollten.

In den unzähligen Esslokalen und Kaffeehäusern verabredeten sich Männer und Frauen für die kommende Nacht oder erzählten sich unglaubliche Geschichten. Auf der Suche nach einem Schlafplatz lief ich langsam die Straßen ab. Aber alle Hotels quollen über von Geflüchteten und Beamten auf Inspektionsreise. Ich verbrachte die Nacht im Bordell.

Am nächsten Morgen meldete ich mich zur Kampfgruppe X.

Im Hauptquartier wurde ich von einem stattlichen jungen Mann mit Glatze empfangen. Er hatte einen großen Schnauzbart, den er hin und wieder bewegte. Er hieß mich auf einem Stuhl Platz zu nehmen, der beim Sitzen quietschte und knarrte. Ich blickte um mich. Alles sah genauso wacklig aus wie mein Stuhl, mit Ausnahme der Gebäudemauern, die aus Zement waren und sehr solide erschienen. Diese Mauern waren beklebt mit verschiedenen Kampfparolen, Porträts von Nationalhelden und amerikanischen Filmstars. In einer Ecke stand eine Tafel mit den Namen derer, die an diesem Tag Dienst hatten.

Außer meinem Stuhl gab es nur noch einen Schreibtisch mit Sessel, auf dem der Mann mit dem großen Schnauzer saß, und außerdem eine lange Holzbank an der Wand.

Der Mann, der sich als Abubakar vorstellte, raffte ein paar leere Formulare aus der Schreibtischlade zusammen und begann zu schreiben. Ihm war offenbar heiß, denn er schnaufte und seufzte in kurzen Abständen. Ich fasste es als Vorwurf auf: Auf dem Grundstück unter den Bäumen wäre es nicht so heiß wie hier. Die Stube hatte nur ein Fenster, das obendrein nach der Sonnenseite ging. Wenn ich nicht gewesen wäre, hätte er immer noch draußen unter den Bäumen gesessen. Er fragte nach meinem Namen, Vornamen, Geburtsdatum, Geburtsort, Namen der Eltern usw. Als er alles notiert hatte, sagte er: »So, wir sind fertig«, und wischte sich mit einem Taschentuch über Hals und Schläfen. Abubakar bot mir eine Zigarette an, und wir rauchten schweigend. Nach einer Weile sagte er: »Erzähl mal, Bung, welche Gründe du hast, dich uns anzuschließen.«

»Ich will gegen den Feind kämpfen.«

»Du willst also für Land und Volk kämpfen, richtig?«

Mir leuchtete nicht ein, warum er ‚also' sagte, denn so selbstverständlich erschien mir das nicht. Ich antwortete: »Es ist schwer zu sagen. Ich weiß es nicht.«

»Meine Güte, du wirst doch wissen, was du willst!«

Er wurde anscheinend ungeduldig, aber an seiner Miene war nichts abzulesen.

»Ich weiß schon, was ich will. Ich will gegen den Feind kämpfen.«

Jetzt hatte er mich wahrscheinlich verstanden,

denn er nickte einige Male mit dem Glatzkopf und murmelte »ach ja, ach ja«, während er an seiner Zigarette zog. »Aber weshalb willst du zu den Waffen greifen?«

Jetzt wurde auch ich ungeduldig, dass er mich mit solchen Fragen behelligte. Es kam mir unnötig vor, dass er meinen Anlass zu kämpfen kannte. Ich interessierte mich doch auch nicht für seine Motive? Mir erschien das alles überflüssig, und es brachte mich auf. Ich ermahnte mich, geduldig zu sein. Ich antwortete: »Ich will zu den Waffen greifen, weil ich es muss.«

»Geht es dabei um eine Berufung oder darum, einer bestimmten Ideologie zu dienen?«

»Ich schätze dergleichen finstere Beweggründe nicht.«

Abubakar lächelte. »Jetzt fange ich an zu verstehen«, sagte er. Er blies einen Schwall Rauch durch die Nase und fuhr fort: »Und doch ist es groß, für etwas zu sterben, was du als finstere Beweggründe bezeichnest.«

»Das mag sein, aber ich verlange keinen großen Tod.«

»Hm, an deinem Standpunkt ist etwas dran. Sprich weiter.«

»Ich habe nichts zu sagen.«

»Du kämpfst also für dich selbst, wenn ich richtig verstehe?«

»Vielleicht, ja? Ich kämpfe für meine eigene Auffassung von Gerechtigkeit.«

»Das hat natürlich etwas für sich. Dass du dich uns anschließt, zeigt schließlich, dass deine persönliche Auffassung von Gerechtigkeit sich mit unserer verträgt. Zumindest was die Mittel anbelangt, dieser Auffassung zu dienen. Aber wir wollen nicht weiter darüber reden. Lass uns jetzt lieber genießen, dass unsere Wege sich verbinden. Man macht oft den Fehler, allzu viel an die Zukunft zu denken. Deshalb unterschätzen wir zu oft die Bedeutung des Augenblicks. In diesem Licht betrachtet gefällst du mir am besten.«

Abubakar schwieg und saugte die letzten Züge aus seinem Zigarettenstummel. Ich sagte nichts, denn ich sah keinen Anlass dazu.

»In zwei Wochen geht es an die Front. Bis dahin

hast du reichlich Gelegenheit, dich mit dem Gewehr vertraut zu machen.«

Danach brachte er mich auf eine Stube, wo ich eine Ausrüstung bestehend aus einer Uniform und einem Paar Stiefel aus Ziegenleder erhielt.

»Helme und Patronentaschen haben wir schon eine ganze Weile nicht mehr. Die Patronen steckst du am besten einfach in die Hosentasche. Du solltest dir übrigens nicht zu viel Illusionen übers Schießen und so machen, wir haben nämlich doppelt so viel Leute wie Gewehre. Die Hälfte von uns muss sich mit selbstgemachten Handgranaten begnügen. Das Lausige ist, dass die Dinger in deiner Hand hochgehen können. Sie sind unberechenbar. Geh also vorsichtig damit um. Diese Uniform ist eigentlich eher symbolisch. In einem halben Jahr nimmt sie nicht mal mehr der Lumpenhändler. Die Schuhe dürften etwas länger halten. Hoffen wir, dass wir frei sind, bevor die Sachen verschlissen sind. Draußen sind sie unbezahlbar.«

Er sprach noch etwas über den kargen Sold und die Zigarettenrationen, die halbwegs akzeptabel seien.

Danach zeigte er mir noch das ganze Gebäude. Er wies mir meine Pritsche zu, die in einem großen Saal mit knapp zwei Dutzend anderen Pritschen stand.

Abubakar erzählte, dass sein Peloton, zu dem auch ich gehörte, überwiegend aus Schülern unter zwanzig Jahren bestehe.

»Wir haben die Jugend mit Absicht zusammengelegt, um sie so gut wie möglich zu schützen. Die Front wirkt demoralisierend auf die Leute. Pass gut auf sie auf. Hilf, dafür zu sorgen, dass sie nicht ins Bordell gehen. Und wenn es nicht anders geht, dann bitte nicht zu oft. Für einen modernen jungen Mann ist ein Bordell schließlich fast unverzichtbar, stimmt's?«

3

Der Tag brach an, an dem wir an die Front mussten. Ich hatte die letzten Tage schlecht geschlafen und blickte gespannt dem Kommenden entgegen. Ich hatte am Gewehr geübt, um mich so gut es ging damit vertraut zu machen.

In diesen zwei Wochen war die Spannung zwischen Abubakar und mir allmählich spürbar geworden. Dass ich nichts über mich selbst herauslassen wollte, irritierte ihn. Er war daran gewöhnt, den Beichtvater seiner Mannschaften zu spielen. Andererseits hatte ich ihn wegen des verächtlichen Lächelns, das oft um seine Lippen spielte, nie wirklich leiden können.

Begleitet von Trommelwirbel marschierten wir zum Bahnhof, wo ein Zug mit Abteilungen der Armee und Kampfgruppen schon auf uns wartete. Am Straßenrand empfingen uns überall jubelnde Massen. Mir war zumute, als sollte ich dem Gott des Untergangs geopfert werden.

Aber ich sah deutlich, wie meine Freunde in den

Ovationen schwelgten. Tatsächlich können solche Huldigungen die Betreffenden trunken machen und die Todesangst ausschalten.

Im Zug ging es ziemlich ungeniert zu. Ich fragte mich, wie viele der hier Anwesenden von der Front heimkehren würden. In der besetzten Stadt hatte ich gesehen, wie modern und gediegen die Bewaffnung des Feindes war. Verglichen damit war die unsere geradezu armselig. Doch diese Schwäche wurde durch unsere große Leidenschaft für die Sache mehr als wettgemacht.

Vielleicht war die Fröhlichkeit dieser Menschen im Angesicht des Todes eine besondere Form der Weisheit. Ich selber hatte keinen Respekt vor solchen Weisheiten, und entsprechend behielt ich einen kühlen Kopf. Ich dachte an meine momentane Situation. Vor allem musste ich alles, was ich tat, vor mir selbst verantworten können. Mir schien, dass ich die für mich einzige Möglichkeit ergriffen hatte. Dumm, wie ich war, hatte ich gedacht, dass Nuraini mir vielleicht helfen konnte – sie liebte mich ja sehr, und vielleicht konnte ihre Liebe mich meine Verbundenheit mit meinen Eltern vergessen lassen?

Ich hatte diesen Gedanken als feige und albern verworfen. Denn das hieße, meine Prinzipien zu verraten, eine Niedertracht, die ich mir nie verzeihen könnte. Alles in allem hielt ich den gewählten Weg für den richtigen und einzigen, den ich vor mir selbst verantworten konnte.

Die Fahrt hat nicht lange gedauert. Vom Endbahnhof aus ging es zu unseren fünf Kilometer entfernten Stellungen. Dort angelangt, wurden wir von den Männern, die wir ablösen sollten, jubelnd willkommen geheißen. Ich selbst wurde von einem Mann meines Alters begrüßt, der Haare, Schnauzer und Bart völlig unbekümmert wachsen ließ. Er sah wüst aus. In der Hand hielt er ein schwelendes Produkt aus den Taru-Martani-Zigarrenfabriken. Ich fragte ihn, wie es hier so lief.

»Bestens«, antwortete er. »Zu essen bekommen wir reichlich, und nicht selten werden wir von unserer Frauenorganisation mit Leckerbissen verwöhnt. Ich würde behaupten, dass die Mahlzeiten allein es wert sind, sich hier auf Lebenszeit niederzulassen, gerade wenn man es mit dem vergleicht, was wir im normalen Leben zu beißen kriegen. Der Feind benimmt sich meistens friedlich. Ab und zu lassen sie ein paar Tanks ausrücken, das ist dann nicht mehr so lustig. Wir haben keine Zwölfsiebener*, verstehst du? Aber aufregend ist es, das kannst du mir glauben. Ab und zu tut so was gut. Du hast dann das Gefühl, dass du etwas für dein Land riskiert hast.«

Er schwieg kurz und zog mehrmals an seiner Zigarette.

»Aber einen Nachteil gibt es hier trotzdem, Bung, der bewirkt, dass du am liebsten heimwillst. Denn sag selbst, was ist ein Mann ohne Frau? Wir sind hier gezwungen, Dinge zu treiben, wie man sie normalerweise auch im Gefängnis macht. Hin und wieder gibt es schon eine Abwechslung, aber das ist eigentlich nicht erwähnenswert. Tja, Bung, wir sind hier eine Männergesellschaft, und das ist nie gut. Ich sag dir eins: So wichtig unser Kampf auch ist, die Frau ist wichtiger. Versteh mich nicht falsch! Das bedeutet keinen Verrat an unserem Kampf. Denn unser Kampf ist in Wirklichkeit derjenige für die Frau. Da stimmst du mir doch zu? Darum ist er so

---

* Gemeint ist das schwere Maschinengewehr 12,7 mm.

erhaben. Das ist der Grund, warum sich alle Männer und Frauen darum reißen, mitzukämpfen. Wenn wir nur für einen größeren Wohlstand kämpfen, den uns die Freiheit bringen soll, werden die heute schon Wohlhabenden nicht mitkämpfen wollen. Aber eben gerade weil unser Kampf der für die Frau ist, will jeder mitmachen. Wir wollen nicht, dass der Feind Herr über unsere Frau, Tochter, Schwester und was dir sonst noch einfällt wird. Und jeder hat ja eine Mutter oder Schwester oder Frau, nicht? Deshalb will jeder den Feind von unserem Land vertreiben, verstanden?«

Ich nickte. Er nuckelte zufrieden an seiner Zigarre. Wir schwiegen. Nach einer Weile bedeutete er mir mit einem Kopfnicken, ihm zu folgen. Es sei Zeit für einen Kaffee, sagte er. Ich folgte ihm zu unseren Behausungen, die überwiegend aus Stein gemauert und mit roten Ziegeln gedeckt waren. Es überraschte mich, dass man die Häuser nicht gegen Luftangriffe getarnt hatte. Als ich meiner Überraschung Ausdruck verlieh, stimmte mein Begleiter ein unbändiges Gelächter an.

»Wenn der Feind uns bombardieren will, dann

soll er ruhig«, sagte er. »Wir können es sowieso nicht verhindern. Diese Schweine sind verdammt gut über einiges unsere Verteidigung Betreffende informiert. Dafür sorgen ihre Spione. Es würde mich nicht wundern, wenn der Feind uns alle beim Namen kennt. Diese Schweine!«

Wieder hielt er sich den Bauch vor Lachen. Ich konnte nicht erkennen, was daran so witzig war, und schwieg.

»Hinzu kommt noch, Bung, dass sie regelmäßig Beobachtungen aus der Luft anstellen. Wir stehen dem buchstäblich hilflos gegenüber, wir haben nämlich kein einziges Flugabwehrgeschütz. Die Hunde fliegen so tief, dass du ihre entblößten, stinkenden Oberkörper sehen kannst. So sicher sind sie sich ihrer Überlegenheit. Wir beschießen sie manchmal mit unseren Gewehren, aber es ist reine Munitionsverschwendung. Du kannst es glauben oder nicht, diese Hunde lachen uns einfach aus. Wie es scheint, setzen sie diese Maschinen mit offener Nase gezielt ein, um uns noch zusätzlich zu ärgern. Tja, das ist nun der Triumph der Technik und des Geldes. Aber uns anzugreifen wagen sie trotzdem nicht, denn so mächtig sie sich auch vorkommen mit ihrer Technik und ihrem Geld, sie wissen verteufelt gut, dass die Frau über all das erhaben ist.«

Wir gingen schweigend weiter.

Unsere Unterkünfte lagen an einer Biegung eines untiefen Flusses, wo wir badeten und uns erleichterten. Am anderen Ufer begann das Niemandsland, das laut meinen Freunden gut fünf Kilometer in der Breite maß. In der Dämmerung wirkte es einsam und düster.

Wir kamen auf dem Grundstück vor dem Gebäude an. Unter einem großen Baum mitten auf dem Gelände führte eine Horde Männer eine lebhafte Unterhaltung, während der Kaffee herumgereicht wurde. Sie erzählten Geschichten vom Frontleben, die meist derb und geschmacklos waren. Ich verließ die Gruppe, weil es mich langweilte, zuzuhören.

Ich stand allein in der Dunkelheit am Fluss, als Abubakar zu mir trat und sagte: »Du bist den Gesprächen von eben gefolgt, hab ich recht? Ich meine vor allem die über Politik. Du siehst: so viele Köpfe, so viele Ansichten. Die einzige Ähnlichkeit zwischen ihnen ist ihr Schädel, der nichts als Scheiße enthält.

Wir werden heute oder morgen mit ihnen abrechnen müssen.«

Ich habe Ja gesagt, obwohl ich nicht sicher war, ob ich ihm zustimmte.

4

Am nächsten Tag vor Morgengrauen verließen uns die Männer, die wir abgelöst hatten. Nach dem Frühstück, das von der Suppenküche ausgegeben wurde, zählten wir den Inhalt unseres Waffenarsenals. Wir kamen nicht weiter als acht Karabiner, fünf »Ananas«-Granaten amerikanischer Machart sowie ein knappes Dutzend andere, die unsere Leute hergestellt hatten. Dazu gab es noch einen unbrauchbaren Mörser, ein Eigenfabrikat, dessen Rohr gesprungen war. Das war die Bewaffnung unseres Pelotons, das aus zwanzig Mann bestand. Im Vergleich zu den anderen Gruppen waren wir noch ganz ordentlich ausgerüstet. Es fehlte uns nicht an Munition, und wir waren auch noch elf Stahlhelme und zwei Säbel reich. Die ersten zwei Tage verliefen friedlich, und tatsächlich fing es an, mich ein wenig zu langweilen. Ich hatte von der Front etwas völlig anderes erwartet. Wie es aussah, hatten beide Seiten keine Lust auf ein Gefecht. Es fiel kein einziger Schuss. Wir verschoben jeden Morgen unsere Stellungen eine Meile vorwärts auf den flachen Hügeln, von denen das Niemandsland übersät war. Einmal täglich gingen wir auf Patrouille durch Gebiete, die wie ausgestorben wirkten. Die Sonne schien zu dieser Zeit grell auf die Ebene, auf der fast nichts anderes wuchs als gelbes Gras von einem Meter Länge mit scharfen Kanten. Die Luft flimmerte heftig vor Hitze. Ich dachte an die Spaziergänge mit Nuraini. Aber hier war die Atmosphäre todesschwanger, die Stille nur eine Atempause vor der ausbrechenden Katastrophe. Abends zogen wir uns in die Stellungen hinter dem Fluss zurück.

Nach wenigen Tagen konnte mich diese Art Frontleben nicht mehr fesseln. Ich brachte gegenüber Abubakar meine Enttäuschung zum Ausdruck.

»Aber was willst du machen?«, war seine Antwort. »Du kannst doch nicht verlangen, dass wir mit dieser mickrigen Bewaffnung zum Angriff übergehen? Unsere Pflicht ist es, die Verteidigung aufrechtzuerhalten, und das möglichst lange. Unser Sieg wird einzig und allein von unserem Durchhaltevermögen abhängen.«

Ich schwieg und wartete ab. Einige Tage nach

diesem Gespräch kam Abwechslung ins Menü. Auf einem unserer Patrouillengänge hatten wir einen Spion festgenommen. Dieser Spion widersetzte sich seiner Gefangennahme, was einen von uns das Leben gekostet hätte, wenn er nicht ein metallenes Zigarettenetui in der Tasche getragen hätte, genau über der Stelle, wo der Dolch zwischen seine Rippen zu dringen drohte. Der Spion war ein Bürschchen von etwa vierzehn Jahren. Es erstaunte mich, dass der Feind sich nicht scheute, Kinder einzusetzen, aber dann überlegte ich, dass eben Krieg war.

Wir nahmen ihn mit zu uns. Der Junge sagte kein Wort und starrte uns feindselig an. Im Lager angekommen, begannen wir ihn zu verhören, doch er blieb stumm. Abubakar wurde zornig und gab ihm eine Ohrfeige. Ohne Resultat. Ich nahm einen Säbel und legte ihn an den Hals des Jungen, nachdem meine Freunde ihn zum Hinlegen gezwungen hatten. Ich befahl ihm, auf die Fragen zu antworten, ich schnitte ihm sonst die Kehle durch.

Abubakar begann wieder Fragen zu stellen. Der Junge antwortete nicht darauf. Ich machte Drohgebärden mit meinem Säbel. Auch ich fühlte mich durch die Haltung des Jungen verärgert.

»Rede!«, brüllte ich. Aber statt den Mund aufzumachen, warf er mir giftige Blicke zu, die nur noch wenig Kindliches an sich hatten. So ein dreister Bengel, ein dreister Spion, blitzte es in mir auf. Später würde aus ihm ein gefährlicher Spion, der durch ein dummes Versehen das Glück unschuldiger Menschen zerstörte. Meine Stirn begann zu glühen. Ich dachte an meine Eltern.

»Rede! Rede!«, brüllte ich. Der Junge schwieg. Sein Blick drückte Erstaunen aus, das aber gleich darauf in spöttische Verachtung umschlug. Ich machte unwillkürlich eine heftige Armbewegung. Ich hatte den Bengel verletzt, denn es floss Blut von seinem Hals. Er blickte mich vorwurfsvoll an.

»Rede schon!«, schrie ich. In meiner Wut drückte ich ihm den Säbel in den Hals und machte sägende Bewegungen. Das Blut spritzte heraus. Genauso ist es auch im Schlachthaus, schoss es mir durch den Kopf.

Der Spion zitterte am ganzen Körper, danach zuckte er noch leicht mit den Gliedern. Sein Gesicht sah aus, als müsste er eine Chinintablette zerkauen.

Schaum trat vor seinen Mund, doch er sagte kein Wort. Ich stach ein letztes Mal mit der Waffe zu, worauf ein kurzes Röcheln erklang. Dann wurde es still. Er hatte kein einziges Wort von sich gegeben. Seine Augen, die halb geöffnet waren, blickten melancholisch zu mir auf.

»Das ist kein Kind, das ist ein Monster«, murmelte ich in mich hinein.

Müde von der Anstrengung ließ ich mich auf eine Sitzbank fallen. Ich schloss die Augen und sah Nurainis duftenden Körper vor mir. Ich fragte mich, warum man in seinem weiteren Leben von einer einmal begangenen Tat verfolgt werden muss. Erinnerung ist nichts als Ballast. Mich ekelte vor Nurainis Bild. Ich hätte zu gerne gewusst, ob sie durch unseren Verkehr schwanger geworden war. Ich öffnete die Augen. Die Jungs, die mein Verhalten bisher sprachlos und mit abwesender Miene verfolgt hatten, hatten die Leiche mit einer zerschlissenen Schilfmatte bedeckt. Abubakar war gegangen. Ich verließ den Raum und ging zum Fluss, um mich frisch zu machen. Meine Beine zitterten. Im Peloton herrschte drückende Stille. Die Jungs begruben die Leiche im Feld.

Abubakar ließ sich noch immer nicht blicken. Ich hatte genug von der drückenden Stimmung und machte mich auf den Weg zum etwa einen Kilometer entfernten Hauptquartier der Armee in diesem Sektor. Abubakar hatte mich dem Kommandanten der Heereseinheit vorgestellt, der gleichzeitig der Koordinator dieses Frontabschnitts war. Er stand im Rang eines Majors und war in Friedenszeiten Arzt von Beruf. Mit mir sprach er gerne über ärztliche Angelegenheiten, denn es war ihm zu Ohren gekommen, dass ich Medizin studierte. Ich konnte solche Gespräche nicht leiden, blieb aber stets höflich. Als sich herausstellte, dass ihm mehr an Politik als an seinem eigenen Fach lag und er nur mir zuliebe über Arzneimittel gesprochen hatte, wandten wir uns anderen Dinge zu, die uns beide interessierten. Er berichtete mir von der Bewaffnung seiner Einheit und zeigte mir seine Maschinengewehre und Mörser. Ich bat ihn, in seinen Dienst treten zu dürfen, da mich Abubakars Kampfgruppe langweile. Er war begeistert, würde mit den höheren Instanzen alles regeln. An diesem Nachmittag erzählte er mir von einem Angriff mit Dutzenden Granatwerfern und etlichen kleinen Kanonen, die schon auf dem Weg zu uns seien, der im nächsten Monat von uns durchgeführt werden sollte. Die Sache wurde natürlich als Militärgeheimnis gehütet.

Zurück im Peloton, ließ Abubakar mich zu sich kommen. Er fragte, warum ich den Jungen abgeschlachtet hatte. Ich zuckte die Schultern.

»Er war jedenfalls ein Spion«, sagte ich.

Das ließ er gelten, aber, sagte er, gerade ein Spion hat erst verhört zu werden, um Informationen mit Bezug auf den Feind aus ihm herauszulocken, und danach muss er ins Hauptquartier überführt werden.

»Um dort in den Tod geschickt zu werden«, fiel ich ihm ins Wort.

»Dann hat er aber die notwendige Gerichtsverhandlung bekommen.«

»Ob er ein Verfahren zu seinem Tod dazu bekommt oder nicht, ändert nichts an den Tatsachen. Und etwaige Informationen können wir auch hier aus ihm herauskriegen.«

»Es geht ums Prinzip.«

»Ich bin kein Befürworter der Folter vor dem Tod.«

»Aber er hat doch Anspruch auf ein rechtsgültiges Urteil?«

»In diesem Fall ist es für ihn wichtiger, es so schnell wie möglich hinter sich zu haben.«

»Da stimme ich dir nicht zu.«

Ich schwieg. Langsam ging mir auf, dass Abubakar eher in die Salons gehörte als hierher. Er taugte nicht. Er redete noch eine Zeitlang weiter, und ich ließ ihn machen. In meinen Augen war er wertlos geworden.

In dieser Nacht schlief ich schlecht. Der tote Spion spukte mir im Kopf herum. Erst jetzt erfasste ich, dass ich heute einen Menschen getötet hatte. Das war doch etwas anderes als die Schlachtung einer Kuh. Aber sollte ich mich jetzt schuldig fühlen? Hatte ich diesen Weg nicht deswegen gewählt? Hier musste ich beweisen, dass ich wirklich ein Mann war. Ich wollte meiner eigenen Entscheidung treu bleiben. Der Junge mit der durchschnittenen Kehle kam mir noch oft in den Sinn. Er war zum Opfer finsterer Mächte geworden. Dafür konnte er nichts, genauso wenig wie ich. Wie konnte ich eine

Ausnahme machen, wollte ich nicht an mir selbst zweifeln? Mir war klar geworden, dass mein Weg mit Blut getränkt sein würde. Und ich akzeptierte es.

III

1

Eine Woche später musste Abubakar wegen einer Operation ins Krankenhaus in der Stadt. Als Ältester übernahm ich jetzt den Befehl über das Peloton. Ich nutzte die Gelegenheit, um meine Ideen, wie ein Kampfverband zu organisieren sei, zu verwirklichen. Ich ließ die Patrouillen näher an die feindlichen Linien heranrücken. Auch nahmen sie ein größeres Gebiet ein als kurz zuvor. Meine größte Hoffnung war es, einer feindlichen Patrouille zu begegnen. Die feindliche Linie selbst anzugreifen, erschien mir wegen der schwachen Bewaffnung unverantwortlich, obwohl ich selbst nichts lieber getan hätte. Während einer unserer Patrouillen hatten wir eine Spionin festgenommen, ein einfaches Bauernmädchen, das ich gleich exekutieren ließ.

Nach vier Tagen des Wartens bekam ich, was ich wollte.

Es war ein heißer Tag. Die Sonne schien so grell, dass es in den Augen schmerzte. Viele keuchten und schnappten nach Luft. Ich ließ die Patrouille auf einem Hügel haltmachen, der mit wenigen Bäumen mit spärlichem Blattwerk bestanden war. Wir ließen uns im Schatten ins Gras fallen und zogen uns bis auf die Unterwäsche aus. So genossen wir etwa zehn Minuten die Kühlung. Einige schliefen ein. Plötzlich rief einer von uns vom Gipfel der Anhöhe, er sehe in der Ferne eine sich bewegende Gruppe von Leuten. Wir stiegen gebückt zum Gipfel auf und tatsächlich, in der Ferne machte ich trotz des Luftflimmerns einen Trupp Bewaffneter aus, die ordentlich in der Reihe gingen. Der Feind!, durchfuhr es mich. Ein Schauer lief mir über den Rücken, und mein Herz schlug heftig. Meine Gelegenheit, jubelte es in mir. Ich sagte meinen Freunden, dass wir den Feind jetzt angreifen müssten. Etliche waren begeistert, andere schwiegen, doch niemand protestierte. »Das ist unsere Gelegenheit zu zeigen, was in uns steckt«, sagte ich. Sie schwiegen. Ich gab ihnen Anweisungen, wie wir den Angriff anzulegen hatten. Der Feind bewegte sich offenkundig auf uns zu. Wir würden sie hier erwarten. Sollten sie die Richtung ändern, würden wir sie im Rücken angreifen. Wir mussten einen halbmondförmigen Bogen mit den

Karabinern in der Mitte bilden. Die Jungs mit den Granaten würden die Flanken abdecken. Bevor die Karabiner zum Einsatz kamen, sollten sie dann erst ihre Granaten auf den Trupp werfen. Der Feind rückte näher. Ich konnte jetzt deutlich erkennen, dass sie vierzehn Mann stark waren. Zum Glück hatten sie keine Maschinengewehre, waren mit Sten Guns und einer Bren Gun bewaffnet. Zu sechzehnt (zwei waren krank ausgefallen) waren wir acht Gewehre und ein knappes Dutzend Granaten stark. Wir nahmen unsere Positionen ein und warteten ab. Der Feind kam immer näher. Wir hatten am richtigen Ort Aufstellung genommen. Ich hatte meine Mannschaften angewiesen, sich unter keinen Umständen zurückzuziehen, es sei denn, ich gab den Befehl dazu. Der Feind befand sich jetzt etwa achtzig Meter vor uns. Wir konnten die schweren Schritte auf dem harten Grund deutlich hören. Sie folgten dem üblichen Pfad, was unklug war. Der Abstand zwischen uns wurde kleiner und kleiner.

Mich schwindelte in der Erwartung des Kommenden. Ich schätzte den Abstand, der ständig kleiner wurde. Sechzig ... fünfzig ... vierzig ... plötzlich warf der Junge, der neben mir lag, sein Gewehr von sich und nahm die Beine in die Hand. Das hatte ich schon befürchtet. Er war achtzehn und kräftig gebaut, aber ein wenig ängstlich ausgefallen. Deshalb hatte ich ihn neben mir postieren lassen. Ich rief ihm zu, umzukehren, doch er wollte nicht mehr auf mich hören. In meiner Ratlosigkeit jagte ich ihm eine Kugel in den Kopf. Er war schlagartig tot. Die Jungs schwiegen und belauerten die feindlichen Soldaten. Diese waren durch den Schuss gewarnt, hielten an und machten Anstalten, sich zu zerstreuen, um sich im hohen Gras fallen zu lassen. Doch sofort nach dem Schuss auf den Flüchtigen gab ich den Befehl zuzuschlagen, sodass die Jungs an den vorgeschobenen Flanken ihre Granaten zu werfen begannen. Von den acht Granaten traf nur eine. Aber diese eine forderte mindestens acht Opfer. Gleich darauf begannen die Karabiner zu dröhnen. Das Feuer wurde umgehend durch die feindlichen Sten Guns erwidert. Der Feind erholte sich und gewann die Oberhand. Mit ihren automatischen Waffen befanden sie sich in einer viel günstigeren Position als wir. Ich befahl meinen Mannschaften, sich zurückzuziehen, während die

Karabiner den Rückzug decken sollten. Der Feind begann Granaten zu werfen. Es sah nicht rosig für uns aus, denn außer dem hohen Gras gab es keinerlei Deckung für uns. Die Granaten hatten freies Spiel. Dennoch hielten wir durch. Die Karabiner schossen unaufhörlich, aber nach einer Weile nahm das Feuer erschreckend ab. Ich sah etliche am Boden liegen, getroffen von Kugeln oder Granatsplittern.

Fünf meiner Granatwerfer, die in Panik weggerannt waren, ohne an Deckung zu denken, waren binnen Sekunden niedergemäht worden.

Ich schoss wütend weiter, bis eine Kugel mich in den rechten Arm traf. Ich schoss noch eine Weile, ließ es dann aber sein, weil der durch meine Wunde verursachte Schmerz unerträglich wurde. Die automatischen Waffen ratterten weiter, doch kein einziger Karabiner erwiderte mehr die Schüsse. Unsere Lage war hoffnungslos. Ich empfand trotz allem große Genugtuung, dass es zu einem Treffen mit dem Feind gekommen war.

Der Feind stellte das Feuer ein. Auf der Ebene hatte der lautlose und windstille Nachmittag wieder die Oberhand. Meine Augen schmerzten von der

Hitze, während ich gleichzeitig das Gefühl hatte, Salmiakgeist vor die Nase gehalten zu bekommen. Mein Arm blutete stark. In meiner schwierigen Lage wollte ich versuchen, meinen Arm mit meinem Taschentuch abzubinden, damit der Blutschwall so gut wie möglich gestoppt wurde. Ich war froh, es noch nicht getan zu haben, denn ich hörte leise Schritte näherkommen. Ich lag auf der Seite und hielt den Atem an. Ein Stiefel stupste gegen meinen Rumpf. Ich hatte das Glück, dass ich meinen Arm vor Schmerz schon längere Zeit an die Brust gepresst hatte. Inzwischen war ein Großteil der Brustoberfläche vom Blut rot gefärbt. Gut möglich, dass der Soldat dachte, ich wäre in die Brust getroffen. Sicher war das nicht. Jedenfalls ließ er mich, nachdem er meinen Karabiner aufgelesen hatte, in Ruhe.

Als ich den Feind längst nicht mehr hörte, hob ich den Kopf. Um mich herum herrschte Stille. Hoch am Himmel schimpfte ein Vogel. Ich band das Taschentuch um meinen Arm und stand auf. Ich hatte zwar viel Blut verloren, aber es war nicht lebensgefährlich. Ich besichtigte meine Mannschaften. Ich zählte sie. Alle vollständig. Kein einziger Lebender außer ich selbst. Die meisten waren den Kugeln zum Opfer gefallen; sie waren mehrheitlich in lebenswichtige Teile des Körpers getroffen worden. Sie hatten mehr Glück gehabt als diejenigen, die von Granaten getroffen wurden. Bei manchen Jungs war ein Bein abgerissen – sie waren durch den Blutverlust umgekommen. Und einen gab es, bei dem der ganze Bauch aufgeschlitzt war. In meiner Brust und in meinen Schläfen pochte es. Es war grandios, wie ich da als einziges lebendes Wesen majestätisch auf der glühenden, versengten Ebene stand. Wie ein General, der alles verloren hat außer sich selbst und abwägt, ob es nicht besser wäre, sich auch eine Kugel durch den Kopf zu jagen. Oder wie eine Vogelscheuche, die geduldig auf den Wind wartet, um die Reisfinken aufzuscheuchen.

Ich drehte mich um und schlug die Richtung unseres Lagers ein. Ich fühlte mich nackt, so ohne jede Waffe im Niemandsland. Ich versuchte zu zählen, wie viele Opfer der Feind zu beklagen hatte. Ich kam auf höchstens neun, grob geschätzt. Gegen sechzehn von uns. Das schien mir annehmbar, schließlich war der Feind stärker bewaffnet. Dass ich nicht mehr als das erreichen konnte, war der Fehler dieses verfluchten Deserteurs, an dem mein Plan um ein Haar gescheitert wäre.

Ich kam im Lager an, erwartet von den Jungs, die dort zurückgeblieben waren. Ich berichtete ihnen den ganzen Vorfall. Danach ging ich zum Posten vom Roten Kreuz und ließ mich behandeln.

Am nächsten Morgen kehrte Abubakar zurück. Er kochte vor Wut.

Die ganze Front sprach vom »Heldenkampf« und »Heldentod« unseres Pelotons, Abubakar aber zischte mir zu: »Ich kenne dich nicht erst seit heute. Du hast es vermasselt. Du bist für ihren Tod verantwortlich.«

»Du willst mit den Jungs wohl nur Soldaten spielen«, ätzte ich zurück.

»Zumindest benutze ich sie nicht, um meine Triebe auszuleben.«

»Soldaten müssen früher oder später mit dem Tod Bekanntschaft machen!«

»Aber alles zu seiner Zeit – und wann es zu geschehen hat, entscheide dann schon ich!«

Wir schwiegen und blickten uns starr an. Ich begriff, dass Abubakar mich ebenso hasste wie ich ihn.

Wir gingen auseinander. Abubakar schloss sich einer Armeeeinheit an, die beiden Jungs gingen wieder zur Schule, und ich wurde Untergebener meines Freundes, des Majors.

Unser Peloton wurde nicht neu aufgestellt. Es wird in der Geschichte unseres Freiheitskampfes fortleben: als eine mutige Gruppe junger Männer unter der Führung des unerschrockenen nierenkranken Abubakar.

Mögen die Historiker diese Helden neben den vielen großen Heroen, die derzeit unsere Heimat bevölkern, nicht vergessen.

2

Ich ging nun einem ruhmreichen Leben entgegen. Die Armee wusste mich zu schätzen, und der Respekt, den meine Kameraden und Vorgesetzten mir entgegenbrachten, nahm mit jedem Tag zu. Hier wurde der Mythos meiner Tapferkeit geboren. Er wurde unablässig genährt, bis er irgendwann haarsträubende Ausmaße annahm. Er drohte mich in eine Institution zu verwandeln.

Seit dieser einzigen Verwundung am rechten Arm hatten trotz meines großen Wagemuts weder Kugeln noch Granatsplitter je meine Haut durchschlagen. Ich übernahm viele gefährliche Aufträge, und die feindlichen Soldaten, die durch mein Zutun den Tod fanden, waren kaum zu zählen.

Das hatte natürlich zur Folge, dass mir die Soldaten eine gewisse körperliche Unverwundbarkeit zuschrieben. Dadurch stieg ich auch in ihrer Achtung, machte ihnen aber gleichzeitig Angst. Deshalb war mein Verhältnis zu meinen Untergebenen verkrampft, denn für sie war ich eine mehr oder weniger sagenhafte Gestalt. Dem stand gegenüber, dass sie mir blindlings gehorchten. Ich konnte auf ihre Treue zählen. In der Summe hatte ich es gar nicht schlecht getroffen. Mein Verhältnis zu meinen Vorgesetzten war gut, und unter anderem deshalb brachte ich es in kurzer Zeit zum Kapitän. Ich bekam den Befehl über eine Kompanie von Spezialkräften, die mir noch mehr Ruhm bescherte.

Doch der Waffenstillstand wurde geschlossen, sodass wir zusehen mussten, wie wir die Tage beschäftigungslos zubrachten.

Diese Leere zerrte an meinen Nerven. Ich war die Anspannung des Gefechts zu gewohnt, um mich in dieser Ruhe wohlzufühlen. Um die Leere zu vergessen, gingen wir oft auf Schweinejagd oder hielten Schießübungen mit scharfer Munition ab.

Aber das waren keine täglichen Beschäftigungen. Die Schweine waren im Übrigen scheu geworden und versuchten in andere Gegenden zu entkommen. Auch die Mädchen vom Nachbardorf, bei denen ich Entspannung suchte, konnten mich die Zeit nicht vergessen machen.

Allmählich fühlte ich mich wie ein Fisch an

Land, der nach Luft schnappend auf sein Ende starrt. Ich suchte Zerstreuung in der Stadt und wurde regelmäßiger Besucher der Freudenhäuser. Ich gab mich den wildesten Orgien hin, aber das karge Offiziersgehalt brachte unüberwindliche Beschränkungen mit sich.

Eines unterließ ich, trotz starker Versuchungen, die mich leicht dazu hätten bringen können: Ich rührte kein einziges Glas Alkohol an. Allein der Gedanke, ich könnte Dinge tun, die außerhalb meiner Kontrolle lagen, ließ mich schaudern.

Irgendwann, als die Leere mich fast zugrunde richtete, brach eine Zeit des Kampfes an. Der Kommunistenaufstand* ließ das Land erzittern, und man griff eiligst zu den Waffen, die in den Arsenalen vor sich hin rosteten.

Der Aufstand schien gefährliche Ausmaße anzunehmen. Abteilungen der Armee liefen über zu den Aufständischen. Beide Parteien vollbrachten Hel-

---

* Der Aufstand der Kommunisten gegen die republikanische Regierung im September 1948 in Madiun. (Anm. d. Übs.)

dentaten und begingen Grausamkeiten. Der Kampf wurde blutiger denn je geführt.

Für mich bedeutete dieser Aufstand eine Erleichterung. Ich wurde auf den Kriegsschauplatz kommandiert und nahm an den Gefechten teil. Mehr konnte ich vorerst nicht verlangen.

Ich schor diese Landsleute mit dem Feind über einen Kamm, weil sie durch ihren Aufstand unsere Wehrhaftigkeit gegenüber dem Feind schwächten. Sie bildeten gewissermaßen eine fünfte Kolonne.

Es wurde jedoch deutlich, dass die Aufständischen den Kürzeren ziehen mussten. Trotz ihres Elans, den sie aus dem kommunistischen Versprechen schöpften, würden sie der unmissverständlichen Sprache der Maschinengewehre und Mörser unterliegen. Die Armee nahm viele von ihnen gefangen; ganze Landstriche wurde gesäubert.

Auch unsere Kompanie hatte sich in diesem Kampf verdient gemacht. Nach einer erfolgreichen Einkesselung, die einige Tage gedauert hatte, war es uns gelungen, eine ganze Rebellenabteilung in unsere Gewalt zu bekommen. Der Rest war ein

Kinderspiel. Die Überlebenden wurden gefangen genommen und die Gegend gesäubert.

Ich teilte die Gefangenen in Mitläufer und Schuldige ein. Für erstere legte ich als Strafe einen Monat Zwangsarbeit fest, abzuleisten beim Straßendienst. Für die Schuldigen schien mir keine andere Strafe angemessen als der Tod.

Ich ordnete an, dass auf dem Hauptplatz täglich zehn Aufständische hingerichtet werden sollten. Ich ließ Leute aus der Umgebung zusammentrommeln, damit sie der Erschießung beiwohnten. Sie kamen haufenweise auf dem Platz zusammen, mit gespannten Mienen abwartend, was kommen mochte.

Pünktlich zur festgelegten Zeit wurden zehn Gefangene unter dem Gejohle der Menge in die Mitte des Platzes geführt. Die Soldaten, die die Strafe zu vollziehen hatten, nahmen ihre Plätze ein. Der Distriktvorstand, der selbst von Glück reden konnte, dass er nicht zu den Hinzurichtenden gehörte, sprach väterliche, mahnende Worte zum Publikum, das ihm laut zujubelte, als wäre nichts geschehen.

Danach wurden die Aufständischen gefragt, ob sie noch einen Wunsch hätten. Zwei von ihnen,

Burschen von knapp achtzehn, begannen zu weinen und nach ihrer Mutter zu rufen.

»Eure Mutter hätte besser auf euch aufpassen und euren Vater weniger ablenken sollen!«, schrie ein Soldat höhnisch.

Ich fand die Jungs noch zu jung zum Sterben, aber ich konnte es nicht ändern; sie hatten es ja selbst so gewollt.

Ein Dritter begann, hysterisch zu lachen, und stimmte mit gebrochener Stimme ein Volkslied an. Die Zuschauer lachten ihn aus.

»He da, hast du noch was zu sagen?«, wurde gerufen.

»Ja, hab ich.«

»Dann sag schon!«

»Es lebe das Proletariat!«

»Schön. Und du da!

»Es lebe das Proletariat!«

»Meine Güte, hast du nichts Originelleres?«

»Es lebe der Präsident!«

»Sehr gut! Bist ein braves Kerlchen!«

»Und jetzt du!«

»Es lebe der Präsident!«

»Verflucht, das hat dein Kumpel schon gesagt!«

»Es lebe... lebe... lasst mich leben, bitte!«

»Auf gar keinen Fall! Und du da!«

»Ich will gar nix! Ich will dir eins auf die Fresse geben!«

»Überlass das meiner Frau! Und du!«

»Es lebe Pak Marx, Pak Engels, Pak Lenin, Pak Stalin, Pak Ho Chi Minh, Pak Musso*, Pak Amir, Pak Natsir...«

»Oho! Pak Natsir ist doch Matsyumist**?«

»Ich bin ebenfalls Muslim.«

»Was willst du noch sagen?«

»Nichts, nichts mehr.«

»Schön. Jetzt du, Schnurrbart!«

---

* Manowar Musso (1898-1948), indonesischer Politiker, gilt als Anführer des kommunistischen Aufstands von 1948. Er wurde in Madiun getötet. Mohammad Natsir (1908-1993), islamischer Gelehrter und Politiker der Masyumi-Partei. Amir Sjarifuddin Harahap (1907-1948), indonesischer Politiker; Premierminister 1947-1948 (Anm. d. Übs.).

** Ein Anhänger der islamischen Masyumi-Partei (1945-1960).

»Sagt meiner Frau, dass unser Kind, wenn es ein Junge wird, Musso heißen soll.«

»In Ordnung, aber wo wohnt deine Frau?«

»Das verrat ich dir nicht, alter Bock!«

»Und wie soll ich ihr dann deine Nachricht überbringen?!«

»Das ist deine Sache!«

»Verflucht! Und du da, was willst du noch sagen?!«

Der Angesprochene hob die Schultern und sagte:

»Ich weiß es nicht.«

»Wenn du nix zu sagen hast, dann sag lieber nix.«

Der Angesprochene nickte.

»Tja, wir sind fertig.« Der Korporal sah in meine Richtung.

Ich nickte.

»Umdrehen, Pak?«

Ich nickte wieder.

»Also los, dreht euch um!«

Die Rebellen wandten ihren Scharfrichtern den Rücken zu. Der Korporal gab das Zeichen. Einige Sekunden später dröhnten die Schüsse. Staub stieg auf, wo die Aufständischen zu Boden gestürzt waren.

Die Zuschauer entfernten sich still und langsam.

Nach der Erschießung wurde mir mitgeteilt, ein Aufständischer wolle mich sprechen. Ich ließ ihn in mein Büro kommen.

Ein paar Minuten später klopfte es an der Tür, und ein Mann in zerschlissenen Kleidern, der ein Bein nachzog, kam herein. Es war Abubakar.

»Ich hoffe, mein Besuch stört dich nicht ernstlich?«

»Aber nein, er ist mir sogar angenehm.«

»Hör schon auf. Ich kenne dich nicht erst seit heute.« Er grinste.

Ich bot ihm eine Zigarette an.

»Ich wusste, dass du hier Truppen hast«, fuhr er fort.

»Also hast du unser Treffen bewusst herbeigeführt?«

»Ja. Ich hätte dich zu gerne gefangen genommen. Aber deine Männer sind tapferer als meine.«

»Eine Ideologie muss über Verbitterung hinwegkommen.«

»Du darfst die Waffen nicht vergessen.«

»Abgesehen davon.«

»Hm.«

»Und warum wolltest du mich so gern gefangen nehmen?«

Abubakar grinste. »Ich hätte dich gerne am Leben gelassen.«

»So, hättest du.« Ich lächelte.

»Für einen wie dich dürfte sich das Leben noch als viel schwieriger erweisen als der Tod.«

»Darin könnte ein Körnchen Wahrheit stecken. Ich verachte die Welt der Opiumraucher.«

»Und doch ist es etwas Schönes, Ideale zu haben. Ähnlich wie auch der Tod, verleiht es dem Leben Gehalt.«

»Was würde dir mehr liegen, das Leben oder der Tod?«

»Für mich sind das erstmal nur Worthülsen. Leben oder Sterben, da ist für mich kein Unterschied.«

»Ach ja? Dann sorge ich dafür, dass da schon ein Unterschied ist!«

»Was willst du damit sagen?«

»Das wirst du schon sehen.«

Wir verabschiedeten uns.

Ich gab Befehl, Abubakar bei denjenigen einzuteilen, die am nächsten Tag exekutiert werden sollten. Am nächsten Morgen erschien er auf dem Platz. Doch ich ließ ihn in letzter Sekunde wegholen. Ich ließ ihm ausrichten, er sei erst in einigen Tagen an der Reihe. Als es dann so weit war, ließ ich ihn wieder im allerletzten Augenblick zurückbringen. Das wiederholte ich noch mehrere Male. Abubakar flehte um sein Leben oder seinen Tod. Aber die Zeit dafür war noch nicht reif. Ich hatte ihm gesagt, dass ich schon entscheiden würde, wann er sterben sollte oder leben musste.

Als die Erschießungen ihrem Ende zugingen, war Abubakar am Rande des Wahnsinns angekommen. Ich ließ ihn wie einen Hund abschlachten.

3

Mitten im Aufstand wurde ich von einer Granate schwer verletzt. Ich musste in ein Militärspital eingeliefert werden.

Die ersten Tage waren eine Qual für mich. Einen Monat später hatte ich mich fast eingelebt. Es war in dieser Zeit der Einsamkeit und Isolation, dass ich zu einem erschreckenden Schluss kam: Ich war meine Taten leid. Es war sinnlos für mich geworden.

Es war eine sinnlose Beschäftigung gewesen. Ich war, um eine Sinnlosigkeit zu rächen, in die andere verfallen! Ich sah ein, dass mir der Kampf nichts mehr bieten konnte. Ich nahm mir vor, die Armee zu verlassen und wieder in die Gesellschaft zurückzukehren. Sie lag vor meinen Füßen, nur durch eine Wand mit großen Fenstern von mir getrennt. Mir schwebten Scharen von Kindern auf dem Weg zur Schule vor. Sie tobten und schnatterten pausenlos die lange Straße entlang. Ob Nuraini ein Kind von mir bekommen hatte? Meine Gedanken an sie wurden jeden Tag lebhafter. Nuraini, ein Haus mit Grundstück, ein fester Aufgabenbereich, das wäre dann für mich die Gesellschaft. Wir würden dann auch richtig bürgerlich leben und glücklich sein. Da mich vor meiner abenteuerlichen Laufbahn als Kämpfer ekelte, musste ich wohl hier meine Ruhe finden.

Ich unternahm bald ernsthafte Versuche, mit Nuraini in Kontakt zu treten. Nach vielen Fehlschlägen erhielt ich schließlich Antwort auf einen Brief, der in der besetzten Stadt, in der sie wohnte, durch einen Untergrundkämpfer zugestellt wurde. Die Antwort stammte von ihrem Bruder. Pak und Bu Djupri seien verstorben und Nuraini lebe im Ausland. Sie sei als Krankenpflegerin in einem Militärkrankenhaus beschäftigt, wo, wisse er nicht. Durch diesen Hinweis war es nicht mehr schwierig für mich, Kontakt zu ihr herzustellen. Wir fanden uns wieder. Sie war allein geblieben. Die Trauung sollte nach meiner Gesundung stattfinden.

Sie ließ nicht lange auf sich warten. Obwohl am linken Bein ein wenig verkrüppelt, war ich doch vollständig genesen und verließ das Krankenhaus.

Die Ehe wurde eingesegnet und Freunde kümmerten sich um ein Haus.

Ich würde dem Soldatenleben Adieu sagen.

Meine Freunde kümmerten sich auch um Empfehlungsschreiben, sodass ich ohne allzu langes Suchen eine passende Anstellung in einem der Verwaltungsbezirke fand.

Doch die Ernüchterung ließ nicht lange auf sich warten. Vergeblich hatte ich nach meiner Nuraini von vor Jahren gesucht. Alles an ihr war anders. Oder hatte ich mich selbst so verändert? Hatten der Kampf und das harte Leben, meine Mätressen und die Nutten mich zu einem anderen gemacht? Ich glaubte nicht. Ich fand, dass ich immer noch ich selbst war. Es musste an ihr liegen. Vergeblich bemühte ich mich, in dieser Frau meine Nuraini von damals, als ich krank gewesen war, zu erkennen. Nach einer Woche gab ich meine Versuche auf, sie wiederzuentdecken.

Und doch glaubte ich ihr gerne, als sie sagte, dass sie mich liebte, sogar noch mehr als früher. Doch für mich stand fest, dass sie mich geradezu ekelte. Die Male, dass ich ausging, um die Nacht anderswo zu verbringen, wurden zahlreicher und zahlreicher.

Nachmittags war ich mit Büroaufgaben befasst.

Aber auch die hingen mir langsam zum Hals heraus. Es war eine geisttötende Arbeit, so packend sie auch nach Ansicht von jemandem sein mochte, der zwischen Bilanzen, Tabellen und Verordnungen aufgewachsen war. Irgendwann lösten die Banalität und Heuchelei der Menschen um mich herum bei mir nur noch Ärger und Überdruss aus.

So konnte es nicht weitergehen. Doch was sollte ich tun? Ein guter Freund, den ich um Rat fragte, sagte: »Das Leben ist überall dasselbe. Du musst dich der Umgebung anzupassen wissen, in der du gelandet bist. Im Gelingen dieser Anpassung liegt das Glück.«

Was er sagte, mochte richtig sein, es mochte als weise Erkenntnis gelten, für mich blieb es trotzdem die Meinung eines Menschen, der an sich selbst nichts auszusetzen hatte. Sie war schön, aber wertlos.

Tagelang suchte ich, ich lief und lief, doch der Geist weigerte sich, mit dem Körper Schritt zu halten. Er kreiste weiterhin nur um eine Sache: Selbstmord.

Sollte dies tatsächlich die einzige Lösung sein? Mit dieser Frage will ich nicht sagen, dass ich dem

Ergebnis meines Denkens nicht traute. Ich hatte immer an die Größe meiner Gedanken geglaubt. Auch jetzt, in dieser kritischen Zeit. Sollte wirklich kein Grund zum Weiterleben bestehen, wäre Suizid in der Tat die beste Lösung. Nichts ist schändlicher als das Leben um des bloßen Lebens willen. So etwas war unter meiner Würde.

Wenn ich mir aber sowieso das Leben nehmen muss, dachte ich, dann will ich diese Tat über die Feigheit und Niedrigkeit erheben, die sie umgibt. Ich erinnerte mich, dass mein Vater, wenn er in der Zeitung von einem Selbstmord las, höhnisch sagte: »Der Kerl hat natürlich zu viel Schulden gemacht, sodass es ihm vorteilhafter erschien, vor seinen Gläubigern in den Tod zu fliehen.«

Der Suizid musste einen Sinn haben, sollte er menschenwürdig sein. Und nicht nur, weil er ein Mittel war, um der Sinnlosigkeit zu entgehen, zu der das Leben manchmal verkommt. Er musste auch einen positiven Wert haben. Aber welchen Sinn sollte ich dem Selbstmord geben? Ich kam mit der Frage nicht zurande.

IV

1

Drei Wochen nach meiner Trauung begann die zweite Militäraktion*. Ich konnte eine Scheidung erwirken und meldete mich wieder bei der Armee. Ich bekam den Befehl über meine alte Kompanie. Es schien, als wäre nichts Besonderes passiert.

Meine Männer waren kampfbereit, aber der Feind war zu stark, um überwunden werden zu können. Deshalb teilten wir uns in kleine Einheiten auf und gingen in die Wälder. Wir infiltrierten feindliches Gelände, bis wir in die Nähe einer unserer größten Städte kamen. Dies sollte unser Operationsgebiet werden. Unser Ziel war es, die feindliche Zufuhr von der Stadt zur Front abzufangen.

Hier sah ich meine Chance, meinen Wunsch zu

---

* Die Niederlande setzten nach der Proklamation der unabhängigen Republik Indonesien im August 1945 darauf, wenn nicht alle, so doch Teile ihrer alten Gebietsansprüche der fortschreitenden Dekolonisierung zu entziehen. Neben Verhandlungen mit den internationalen Bündnispartnern führten sie im Juli 1947 und im Dezember 1948 zwei umfangreiche Militäraktionen durch (Anm. d. Übs.).

verwirklichen. Ich gab meinen Mannschaften bekannt, dass ich Freiwillige für die Ausführung eines besonderen und lebensgefährlichen Auftrags suchte. Es meldeten sich etliche Männer. Zwei von ihnen wählte ich aus. Ich machte ihnen deutlich, dass sie keinerlei Hoffnung auf eine unversehrte Heimkehr haben durften. Sie antworteten, sie seien bereit zu sterben.

Nachdem wir die nötigen Vorbereitungen getroffen hatten, gingen wir los. Das Eindringen in die Stadt sollte getrennt erfolgen. Wir würden dann unter einer bestimmten Brücke in der Stadt zusammentreffen.

Am nächsten Tag waren wir alle drei zur Stelle. Wir warteten, bis die Nacht hereinbrach. Dann machten wir uns zu unserem Ziel auf: einem der größten Munitions-Umschlagplätze des Feindes. Der Anschlag sollte gegen Mitternacht durchgeführt werden. Danach wollten wir binnen vierundzwanzig Stunden wieder bei der Brücke zusammenkommen, um anschließend die Stadt zu verlassen. Uns war bewusst, dass die Chance hierzu sehr gering war.

Um Punkt Mitternacht drangen wir trotz der

Bewachung ein (einer meiner Männer wurde dabei leicht verwundet) und setzten das Gebäude in Brand. Nicht lange danach folgten heftige Explosionen. Die Wachen stürzten sich auf uns, es kam zu einem heftigen Feuergefecht. Ich verlor meine Männer aus den Augen und kämpfte allein weiter. Ich wartete auf die Kugel, die mich töten sollte, wie ich es mir gewünscht hatte, blieb aber weiter unversehrt.

Schließlich zog ich mich zurück, denn es hätte keinen Sinn gehabt, noch länger zu bleiben. Ich begab mich umgehend zum vereinbarten Ort, verstimmt, weil meine Mission fehlgeschlagen war.

Unter der vereinbarten Brücke war niemand. Ich verbrachte die Nacht alleine.

Der Morgen graute. Ich blieb alleine. Ich sah wieder dieselbe Szenerie wie früher vor mir. Lachende und sich balgende Schulkinder liefen auf dem Weg am gegenüberliegenden Flussufer vorbei, Straßenverkäufer priesen vollmundig ihre Waren an.

Vierundzwanzig Stunden verstrichen. Es war klar, dass meine Männer gefangengenommen oder getötet worden waren. Ich musste also alleine aus der Stadt fliehen, um zu meiner Armeeeinheit zu gelangen. Ich versuchte es, pflichtschuldig und im Bewusstsein, dass es nicht anders ging; doch ich stand wieder und wieder vor verschlossenen Toren. Der Feind, der offenbar den festen Willen hatte, mich festzunehmen, hatte die Stadt abgesperrt. Ich sah, wie der Kessel immer enger zugezogen wurde.

Der vierte Tag. Wie üblich, war das Wetter schön und nicht zu heiß, sodass ich kaum Durst verspürte. Ich hatte schon ein paar Mal von dem schmutzigen Flusswasser getrunken und musste mich so gut es ging einschränken, um nicht krank zu werden. Ich sah wieder die Kinder sich balgend vorbeigehen, und hörte wieder den eintönigen Ruf der Straßenhändler, wie ich ihn nun schon drei Tage gehört hatte. Die Schwangere, die ich gestern zum ersten Mal gesehen hatte, war auch heute da und wusch schweigend die vielen Kleider aus ihrem Korb. Wenn die Geburt einsetzte, durfte sie zu Hause bleiben, aber danach begann die alte Leier von vorn – mit noch einem Kind mehr, das dir die Kraft und Jugend bis aufs Mark aussaugt. Ein kleiner Mensch, ein niedliches Monster.

Nichts an diesem Tag war anders, außer dass die Einkesselung enger geworden war und meine

Gedanken verschwammen. Ich hielt den Revolver in der Hand und blickte ihn aufmerksam an. Dieses Maschinchen hatte gut und gerne vierzig Mann ins Jenseits befördert, und das war noch eine niedrige Schätzung. Mal sehen, wie viele Kugeln es noch im Bauch hat … sechs … das wären dann eine für mich selbst und (mangels weiterer) fünf für den Feind. Fünf zu treffen, schaffte ich bestimmt. Aber der Tod von fünf Soldaten reichte nicht aus, um meinen Selbstmord zu rechtfertigen, absolut nicht! Seine Legitimation musste ebenso überwältigend sein wie der Lärm der Tonnen Munition, die in die Luft geflogen waren.

Der Weg zum Tod war kurz an diesem Morgen unter der Brücke. Ich musste mir nur den stählernen Lauf meiner Waffe an die Schläfe drücken. Es würde schon funktionieren. Es war schon so vielfach erprobt worden, dass nichts Zweifelhaftes mehr daran war. Aber die Rechtfertigung der Tat ist komplizierter als diese selbst, und darum vermeidet man die Rechtfertigung auch gerne. Oder ersetzt sie durch eine neue Rechtfertigung. Oder, für esoterischere Geister: die Tat durch Gefühl.

Die sinnvollste Tat ist jedoch die, welche durch eine Rechtfertigung gedeckt ist. Aber, Herr Philosoph, worin besteht die Rechtfertigung unserer Existenz hier auf Erden? In noch etwas anderem als einer fehlerhaften Berechnung oder einem unbesonnenen Verhalten in einer schwülen Nacht? Können Sie nichts anderes finden? Ich bin kein Moralist. Dann hat sich die Nacht auf uns herabgesenkt … Das ist eine Sache des Nichts vor Zeugung und Geburt, der vorgeburtlichen Periode. Minus neun Monate? Richtig. Tja, na und? Wir waren damals doch minderjährig und unmündig? Wir sind unserer Verantwortung enthoben! Sie haben recht und doch unrecht, Herr Philosoph.

Ich lachte über mich selbst. Wie lange so ein Tag dauerte! Ein Tag kann länger und kürzer dauern. Eine Binsenweisheit! Nicht, weil der Mensch es so festlegt. Der Mensch ist allmächtig. Binse oder nicht: Der Mensch ist allmächtig. Dies war die Erklärung eines Menschen mit hungrigem Magen unter einer Brücke in feindlichem Gebiet um ein Uhr mittags.

Die Sonne ging endlich unter. Ich nahm mir vor,

an diesem Abend Ratna ausfindig zu machen. Ich brauchte Wärme und Gesellschaft.

Ich kannte sie nicht. Es hieß, sie wohne nah an der Altstadt, stamme ursprünglich aus gutem Hause und habe eine anständige Bildung genossen. Sie sei aus Prinzip Prostituierte geworden.

2

Eine Stunde vor Mitternacht, wenn die abendliche Ausgangssperre begann, verließ ich meinen Unterschlupf. Auf der Straße war reger Betrieb. Man hatte sich von dem Schreck erholt, den die Explosion vor wenigen Tagen ausgelöst hatte.

In der Stadt fanden jetzt irgendwo Razzien zu meiner Ergreifung statt. Ich versuchte, nicht daran zu denken. Umsichtig lief ich durch die Straßen; ich konnte nicht wachsam genug sein. Niemandem in der Stadt war zu trauen, außer Ratna vielleicht.

Nach einer Viertelstunde Gehen war ich in der richtigen Straße angelangt. Ich suchte die Nummern ab, bis ich zu dem bewussten Haus kam. Ich klopfte leise an die Tür. Um mich herum war es finster und still. Innen erklang kurz ein Poltern, danach war es wieder still. Ich klopfte noch einmal. Jetzt hörte ich Schritte, die sich auf die Tür zu bewegten, das Schloss wurde aufgesperrt und eine Frau im Kimono stand vor mir.

»Ich bin ein Freund von Rusli.«

Sie lächelte. »Bitte, tritt ein.« Sie schloss die Tür hinter sich. »Ich sperre besser ab.«

»Ja«, sagte ich.

Sie bot mir einen Stuhl an. Sie selbst setzte sich mir schräg gegenüber auf das Sofa. Ich sah sie an. Ich schätzte sie auf knapp dreißig. Eine schöne Frau, mit ihrer schlanken Statur und dem feingeschnittenen Gesicht.

»Wie geht es Rusli?«

»Er ist in letzter Zeit sehr nervös. Momentan ist er bei einem Psychiater in Behandlung.«

»Ach«, sagte sie. »Eine Zigarette?«

Ich nahm eine aus der Schachtel, die sie mir hinhielt, und zündete sie an.

»Bist du derjenige, der die Explosion ausgelöst hat?«

»Ja.«

»Gute Arbeit. Aber es war haarscharf. Sie hatten nämlich Wind von eurer Unternehmung bekommen.«

»Von wem hast du das gehört?«

»Von einem Offizier, der hier hereingeschaut hat.«

»Hat er noch was über meine Freunde gesagt?«

»Sie wurden tot aufgefunden.«

Ich schwieg.

»Du bist als einziger übrig von dem Trupp?«

»Ja.«

»Sie suchen dich. Sie wissen, dass du noch hier in der Stadt bist.

»Ich weiß, dass große Razzien abgehalten werden.«

»Ja, aus bestimmten Gründen legen sie großen Wert auf deine Festnahme.«

Wir schwiegen beide. Ich blickte um mich. Das Zimmer war nüchtern eingerichtet, aber der Eindruck war ansprechend. An den Wänden hingen mehrere Reproduktionen von berühmten Künstlern.

»Was wirst du jetzt tun?«, fragte sie.

Ich zuckte die Achseln. »Ich weiß es nicht.«

»Versuchst du nicht, die Stadt zu verlassen?«

»Ich kann nicht entkommen. Alle Wege hinaus sind abgesperrt.«

Ratna drapierte ihren Kimono und sagte: »Das stimmt, aber ich weiß ein Mittel, um zu entkommen.«

Ich zog an meiner Zigarette und antwortete, dass ich nicht gedächte, davon Gebrauch zu machen. Sie blickte erstaunt zu mir, aber schwieg.

»Nimmst du Cognac?«, fragte sie.

Ich bejahte und sie stand auf. Sie verschwand im angrenzenden Zimmer und kam kurz darauf mit dem versprochenen Cognac und zwei leeren Gläsern zurück. Sie begann einzuschenken.

Sie ist eigentlich nicht wirklich schön, aber anziehend, dachte ich im Stillen. Ich verstand, warum mein Freund ständig von ihr sprach.

Sie setzte sich wieder hin. Sie nahm sich eine Zigarette, und ich gab ihr Feuer.

Wir nippten an den Gläsern.

»Warum willst du nicht mehr zurück zu deinen Freunden?«

Ich stand auf, um mir die Kunstdrucke genauer anzusehen.

»Das bin ich leid.«

»Deine Freunde?«

»Nein, das Kämpfen.«

»Verstehe.« Ratna schwieg.

Ich pfiff ein paar Töne und setzte mich neben

sie auf das Sofa. Ich konnte sehen, dass sie an etwas dachte. Ich dachte an nichts. Mir schmeckten der Cognac und die Zigarette ausgezeichnet. Ich nahm noch einen Schluck aus dem Glas. Ich reckte faul Arme und Beine und gähnte.

»Wurden deine Ideale enttäuscht?«

»Na ja ... nicht besonders. Wie sollte das auch gehen? Ich habe keine Ideale.«

»Und weshalb kämpfst du dann?«

»Ich kämpfe, weil ich Lust darauf habe. Genauer gesagt: aufs Töten.«

Ratna lächelte. »Am Töten ist schließlich nichts Schlechtes. Jeder tötet auf seine eigene Weise.«

»Es ist gut, solange man noch voll dahintersteht. Doch sobald man es leid ist, wird es sinnlos. Dann kann man zu Recht von einem Verbrechen sprechen.«

»Deine Ansicht bringt gewaltige Konsequenzen mit sich.«

Ich nickte. »Verbrecherisch ist es auch weiterzuleben, wenn man keinen Sinn mehr darin erkennt.«

Ratna drückte ihren Zigarettenstummel aus. »Ich kenne einen jungen Beamten, der an einem bestimmten Punkt keinen Grund zum Weiterleben mehr sah und Arsen geschluckt hat.«

»Das finde ich naiv von ihm, aber trotzdem sympathisch.«

»Was hättest du an seiner Stelle getan?«

»Das weiß ich nicht so spontan. Aber man ist nicht frei zu sterben.«

»Ach nein? Und wer bestimmt die Grenzen dieser Freiheit?«

»Unser Menschsein. Der vollwertige Mensch sollte sich nicht erniedrigen.«

Wir leerten unsere Gläser, und Ratna schenkte nach. »Dir erscheint Selbstmord also als eine Form der Selbsterniedrigung?«

»Nicht immer. Er ist es nur, wenn man ihn als Mittel benutzt, um einer erfahrenen Sinnlosigkeit zu entfliehen.«

Sie sah mich an. »Aber wann ist Selbstmord dann vertretbar?«

»Wenn man ihm einen positiven Sinn geben kann. Was man darunter verstehen möchte, hängt vor allem vom Selbstwertgefühl ab. Für mich wird der Wert des Selbstmords erhöht, wenn diese eigennützige Handlung auch so weit wie möglich meinen Mitmenschen dient.«

»Also auch das Untergehen für eine Idee?«

Ich blickte sie lächelnd an. »Der Verbindung zwischen Idee und Menschheit zu dienen, ist für mich nicht selbstverständlich. Übrigens sind mir Menschen lieber als Ideen.«

Wir schwiegen. Ratnas Parfüm duftete wunderbar. Ich legte den Arm um sie und zog sie an mich. Sie kuschelte sich an meine Schulter und sah mich an. Sie hatte schöne lange Wimpern, aber ich mochte keine braunen Augen.

Ich drückte sie fest an mich.

»Man nennt dich ‚der Stier', nicht?«

»Ja. Eigentlich heiße ich Winarta.«

»Warum wirst du dann so genannt?«

»Weil es hieß, dass ich vor nichts Angst habe.«

»Und stimmt das?«

»Wahrscheinlich schon. Aber manchmal habe ich Angst vor mir selbst.«

Ich küsste sie. Um uns herum war es still.

»Kommst du mit?«, flüsterte sie nach einer Weile.

Sie löste sich sanft aus meiner Umarmung, stand auf und ging langsam in ihr Schlafzimmer. Ich folgte ihr.

Dort angekommen, blieb sie kurz vor dem Spiegel stehen und setzte sich danach auf die Bettkante. Ich stand vor ihr. Wir blickten uns an. Sie entkleidete sich und legte sich aufs Bett.

Sie starrte mich unablässig an. Ich griff langsam nach dem Revolver in meiner Hosentasche und holte ihn hervor.

»Was hast du damit vor?«

»Nichts. Ich lege ihn auf den Tisch.« Ich sah sie an. »Hast du Angst davor?«

Sie nickte. »Ich fürchte, dass du verrückte Dinge damit anstellst.«

Ich lachte amüsiert. »Die Dinge, die ich mache, sind alle gut durchdacht, Ratna. Aber wenn es dir lieber ist, tu ihn irgendwo hin, wo man ihn nicht sieht.«

Sie stand auf, nahm den Revolver vom Schminktisch und versteckte ihn in ihrem Kleiderschrank, der schräg gegenüber vom Bett stand.

In Gedanken versunken, zog ich mich langsam aus. Die Parfüms auf dem Tisch verbreiteten einen schweren, betäubenden Duft im Raum. Als ich aus den Kleidern war, schlüpfte ich neben ihr ins Bett. Ich schloss die Augen.

Ich wollte an nichts mehr denken.

Leise machte Ratna das Licht aus. Ich warf ihr einen verdutzten Blick zu und schaltete es wieder an. Sie blinzelte gegen das Licht und lachte mich überrascht an. Dann machte sie das Licht wieder aus. Sie legte den Arm um mich. »Findest du die Dunkelheit nicht wunderbar?«

»Doch«, sagte ich.

»Wir sollten eigentlich in völliger Dunkelheit leben. Dann gibt es kein Hässlich oder Schön mehr. Dann ist Frieden. Aber erst müssen alle Trommelfelle durchstochen werden.«

Ratna seufzte.

»Ach, wie wunderbar es dann sein wird!«

Ich antwortete nicht und schloss die Augen. Ihre letzten Worte vermischten sich irgendwann mit der dumpfen Stille im Raum. Der Boden glitt langsam unter mir weg und ich tauchte zitternd hinab in die dunklen Abgründe meiner Leidenschaft.

3

Eine Wanduhr in einem Nachbarhaus schlug dreimal. Ich lag auf dem Rücken und blickte hinauf in die Dunkelheit. Ich hörte Ratnas leise Atemzüge neben mir und wandte mein Gesicht zu ihr. Mir war, als starrte sie mit großen Augen zur Decke. Sicher war ich mir nicht.

»Ich habe von Rusli fantastische Geschichten über dich gehört.«

»So, hast du? Dann hat er sie bestimmt fantastisch klingen lassen.«

»Stimmt gar nichts davon?«

»Ich muss erst wissen, wovon du sprichst... fantastisch kann es aber so oder so nicht sein.«

»Es heißt, du hast diesen Weg ‚aus Prinzip' gewählt.«

Sie lachte leise.

»Und findest du daran etwas Fantastisches?«

»Es ist schon ziemlich ungewöhnlich.«

»Ja, das stimmt. Es ist ein bisschen schade vielleicht.«

»Die Gesellschaft akzeptiert es nicht.«

»Das wird wohl der Grund sein.«

Wir schwiegen.

»Alle Wege führen zum Glück, wenn man nur beharrlich genug daran festhält«, sagte sie, während sie mit den Fingern auf das Bettgestell trommelte.

»Bezieht sich das auf mich?«

»Vielleicht schon, ja.« Sie grinste.

»Du bist also überzeugt, dass dieser Weg dich zum Glück führen wird?«

»Definitiv.«

»Aber wie bist du dazu gekommen?«

»Das Gesellschaftsleben widert mich an. Ich hasse die Menschen, aber eigentlich haben sie ja recht.

»Wieso?«

»Man geht nun mal nicht zu einer Frau, um über den Ursprung der Meteore oder Ähnliches zu reden.«

»Würdest du denn wollen, dass es so wäre?«

»Der menschliche Intellekt ist nicht in Geschlechter geteilt.«

»Aber ein Mann ist nun mal anders als eine Frau.«

»Du bist schrecklich tiefsinnig.« Sie lachte, während sie meine Hand streichelte.

»Hasst du deshalb die Menschen?«

»Du musst die Vergangenheitsform benutzen, Narta.«

»Also schön.«

»An allem ist eigentlich mein Wissen schuld. Deswegen verlange ich Dinge von den Menschen, die ich mir sonst nicht wünschen würde. Hinzu kommt, dass du erst später zu dem Schluss kommst, wie wenig du von deinem Wissen hast.«

Sie schwieg einen Moment. Ihre Hand streichelte mich nicht mehr.

»Jahrelang habe ich wie eine Verrückte Wissen angehäuft. ‚Wissen', schon das Wort war faszinierend! Und ich hatte alle Mittel, um meine Träume zu verwirklichen. Später bot ich den Menschen mein so mühsam errungenes Wissen zum Gebrauch an. Erst schien man mich zu verstehen. Ich durfte wichtige Positionen bekleiden. Später stellte sich allerdings heraus, dass es doch hauptsächlich um meinen Körper ging.«

Sie stand auf und trat zum Schminktisch. Dort

zündete sie sich eine Zigarette an, mit der sie sich neben mich legte.

»Mit meinem Wissen wäre ich nicht so weit gekommen.«

Sie stieß einen leisen, kurzen Pfiff aus.

»Ich musste die Stadt, in der ich lebte, wegen eines Skandals verlassen. Im Büro wollte mein Chef unerlaubte Handlungen an mir vornehmen. Was ihm auch gelungen ist. Also darum war es bei meiner guten Stelle gegangen!«

Sie zog an ihrer Zigarette. Ich betrachtete ihr Gesicht in dem rötlichen Licht. Ein kaum sichtbarer, schmerzlicher Zug spielte um ihren Mund. Ihre Lider waren geschlossen.

»Rusli wusste Bescheid. Wir hatten in derselben Stadt gewohnt. Ich blieb trotz dieser Demütigung beharrlich. Es musste doch Menschen geben, die mich verstanden? Es folgte Kränkung um Kränkung. Sollte ich meinen Körper verfluchen oder mein Wissen?«

Sie schwieg. Der Duft ihrer Zigarette vergiftete das ganze Zimmer.

»Ich bin zweimal schwanger geworden. Einfach

so … Ich fühlte mich tief gekränkt. Und doch haben sie recht. Aber ich fasste einen Entschluss: Wenn sie meinen Körper mehr schätzen, können sie ihn haben. Ich habe ihm nie besonderen Wert beigelegt. Er ist ja kein erworbener Besitz. Sie können ihn ruhig haben. Aber mein Wissen behalte ich in Zukunft für mich. Sie sind es nicht wert, an den Früchten meiner jahrelangen Arbeit teilzuhaben.«

Sie zog an ihrer Zigarette und ließ den Rauch in kleinen Wölkchen aus der Nase entweichen.

»Und bist du jetzt glücklich?«

»Nicht restlos. Noch nicht. Aber mein Platz ist hier. Und ich werde hier glücklich sein.«

Sie gähnte. »Wenn ich nur eine richtige Nutte werden könnte! Eine 24-Karat-Hure. Aber so einfach ist das nicht. Mein Wissen ist für mich zum Ballast geworden. Ich muss es abwerfen, wenn ich glücklich werden will. Leider ist es leichter zu erwerben als loszuwerden. Doch ich werde es schaffen. Wenn ich nur beharrlich bleibe.«

Die Uhr der Nachbarn zeigte geräuschvoll die Zeit an. Halb vier am Morgen.

»Das solltest du auch tun. Du solltest weiter töten. Dann wirst du bestimmt wieder glücklich.«

»Ich kann es vor mir selbst nicht mehr verantworten.«

»Glaubst du denn, du findest dein Glück in etwas anderem?«

»Nein.«

»Das sehe ich auch so. Ich denke, dass man einen einmal eingeschlagenen Weg, auf dem man weit gekommen ist, unmöglich verlassen kann, einfach weil die anderen Wege einen nicht mehr reizen. Dann bleibt dir nichts anderes übrig, als deinem Leben ein Ende zu machen.«

»Du hast recht. Letzteres hatte ich ins Auge gefasst, aber dann ist mir der Sinn im letzten Moment entfallen. Selbstmord hat für mich keinen Sinn mehr.«

»Aber was hast du dann vor, Narta?«

Ich schwieg. *Was hast du dann vor?* Ich wandte den Blick von ihr ab und starrte an die Decke. Die Unruhe des Nichtwissens bemächtigte sich meiner erneut. Mein misslicher Zustand drang immer deutlicher zu mir durch. Mir war bewusst, dass sich die Razzien schon über große Teile der Stadt erstreckten. Es war nur eine Frage der Zeit – höchstens vierundzwanzig Stunden –, bis die Einkesselung vollendet war. *Was hast du dann vor?* Ich wusste es nicht. Ich wollte etwas tun, um meiner unguten Lage zu entkommen, aber wusste nicht was. Mir fiel keine Tat ein, die ich vor mir selbst verantworten konnte. Mein Gehirn verweigerte den Dienst. Oder die Lösung existierte einfach nicht. Und doch konnte es eine Lösung geben, die ich allerdings nicht kannte.

Ratna hatte aufgehört zu rauchen und blickte mich unverhohlen fragend an. Sie stützte den Arm auf meine Brust und begann sanft mit den Fingern darüber zu streichen. Ich hielt ihre Hand fest und kniff hinein. Sie zischte leise durch die Zähne.

»Warum bist du so still, Liebster?«, fragte sie.

»Ich denke noch über deine Frage nach. Ich weiß keine Antwort darauf. Weißt du vielleicht, was ich machen soll?«

»Ich hab dir doch schon gesagt, dass du am besten wieder zu deinen Freunden zurückgehen könntest?«

»Ich meine, hast du noch etwas anderes als das?«

»Nein ...«

Sie wusste es also auch nicht. Das hieß noch nicht, dass andere es nicht wussten. Nuraini hätte es bestimmt gewusst. Aber das schien mir keine Lösung; eine Form der Selbsterniedrigung. Ein Eingeständnis eigener Nichtigkeit. Vollkommen lächerlich.

Der alte Herr im Zug hätte vielleicht ebenfalls eine Lösung gewusst. Er selbst hätte sie nicht gebraucht mit seinem Glaubenskonzept. Alles auf Glauben gründen – wie überaus bequem! Der alte Herr wäre wohl nie in dieser Situation gelandet mit seinem Glauben. Vielleicht wäre seine Haltung auch für mich nicht so verkehrt? Aber dann hätte ich als Eltern solche Schufte haben müssen, die mich damit vertraut machten. Ich hatte anderes gelernt. Mein Vater war Akademiker. Und meine Mutter kam aus einer Familie, deren Mitglieder überwiegend akademische Berufe ausübten. Ich lernte, das Denken in den Mittelpunkt zu stellen. Und ich war immer zufrieden damit.

»Eine Prau*, mit der du fliehen könntest, legt in

---

* Indonesisches Segelboot mit zwei Rümpfen.

drei Viertelstunden ab. Zum Anlegesteg dauert es zu Fuß etwas mehr als eine halbe Stunde. Möchtest du noch mit auf das Boot?«

Ich zögerte. Zurück zu meiner Kompanie … und allein und einsam sein … ein Mörder unter Idealisten … ein Mensch, der den Sinn seiner Taten nicht einsah … und sie nicht verantworten konnte …

Diese Rolle reizte mich nicht. Ich sagte Ratna, ich wolle nicht mit auf das Boot. Sie schwieg.

Ich würde neu anfangen müssen, um eine neue Haltung zum Leben einnehmen zu können. Zum Beispiel die des alten Herrn. Aber ich hatte in einer anderen Umgebung gelebt … Doch das war nicht ganz richtig.

Ich dachte auf einmal an unser altes, vor Jahren verstorbenes Dienstmädchen. Sie hatte sich von meiner Geburt an sechzehn Jahre um mich gekümmert. Ich erinnerte mich plötzlich, dass ich einmal Trost bei ihr suchte, weil ich von meinen Eltern ausgelacht worden war. Ich war damals etwa elf. Ein Freund hatte mir ein Rätsel aufgegeben. Es handelte von einem Dieb, der in eine Burg, die viele Pforten hatte, eindrang. Als er innen angelangt war, schlossen sich die Pforten und er saß fest. Wie konnte der Dieb entkommen?, lautete die Frage meines Freundes. Ich überlegte lange und gründlich, konnte aber keine Lösung finden. Mein Freund meinte lachend, ich müsste nur meinen Verstand gebrauchen, dann wüsste ich es bestimmt. Es sei gar nicht schwer. Ich fing also wieder an nachzudenken. Stundenlang sollte mich dieses Rätsel wurmen: Ich wollte es unbedingt lösen, um meinem Freund zu zeigen, dass auch ich nicht auf den Kopf gefallen war. Aber eine Lösung wollte mir nicht einfallen. Nach der Schule rannte ich verzweifelt nach Hause, um meine Eltern nach der Lösung zu fragen. Doch statt zu antworten, brachen beide in schallendes Gelächter aus. Aufgebracht lief ich in die Küche, wo sich meine alte Dienerin aufhielt. Ich hing sehr an ihr. Vor dem Schlafen erzählte sie mir immer das eine oder andere. Weil ich Märchen nicht mochte, erzählte sie mir von Reisen und anderen Dingen, die sie selbst erlebt oder gehört haben wollte. Oft wirkten sie trotzdem ein wenig märchenhaft. Sie waren aber in jedem Fall besser als die Geschichten unserer Lehrerin in der Schule. Die erzählte uns meistens von Feen und Heinzelmännchen. Ich mochte das gar nicht, ich fand es lächerlich. Meine Dienerin fand das auch.

Also ging ich zu ihr und fragte, was der Dieb in so einem Fall machen würde. Sie sah mich abwesend an, während ihre Hand mein Haar streichelte. Langsam antwortete sie: »Wenn er nicht mehr ein noch aus weiß und an sich selbst verzweifelt, wird er erlöst werden. Dann ist er entkommen …«

Das verstand ich nicht und wurde ärgerlich. Ich beteuerte heftig, dass ich dies nicht duldete und mich nicht zum Narren halten ließ.

»Nein, Den, es stimmt, was ich sage. Aber er muss erst das Hoffnungslose seiner Lage erkennen, dann wird er für immer entkommen …«

Ich fuhr sie an und verließ zornig die Küche. Seither hatte ich nie mehr an das Rätsel gedacht.

Ratna seufzte tief auf.

»Was ist?«

»Nichts. Ich denke an dich.«

»Danke.«

Ich strich Ratna übers Haar.

Vielleicht hatte der alte Herr recht, wenn er mich kurzsichtig fand. Und Nuraini mit ihren Worten, als wir einmal spazieren gingen, ebenso. Vielleicht hatten alle recht, außer mir. Aber, dachte ich, ist es eine Schande, unrecht zu haben? Was bisher ja nur »vielleicht« zutrifft. Wenn mein sogenanntes Unrecht, meine sogenannte Kurzsichtigkeit, nur verantwortbar ist. Vor mir selbst, wohlgemerkt. Ich werde mir treu bleiben. Und jede Selbsterniedrigung ablehnen. Mit Entschiedenheit ... Noch ist nicht alles verloren. Es wird sich eine Lösung finden. Aber es braucht Geduld. Geduldiges Warten, bis meine Gedanken sich ordnen und Klarheit in meinen Verstand zurückkehrt. Dann werde ich schon eine Lösung finden, oder auch nicht ... aber das ist nicht schlimm. Vor allem muss ich mir selbst treu bleiben, muss ein vollwertiger Mensch bleiben ...

Ich umarmte Ratna stürmisch und biss sie in die Lippen.

Noch ist nicht alles verloren!, jubelte es in mir. Ich umklammerte Ratna fester, während ich ihr süße Worte ins Ohr flüsterte.

»Was ist denn in dich gefahren, Schatz?«

»Ich bin glücklich ...«, flüsterte ich.

»Heißt das, du hast eine Lösung gefunden?«

»Ja, du Liebe, ich habe eine Lösung gefunden.«

»Erzähl! Wie sieht sie aus?«, fragte sie mit gespannter Stimme.

»Ich tue nichts … ich warte ab.«

»Wartest du denn auf etwas Bestimmtes?«

»Vielleicht, ja.«

»Was ist es denn?«

»Ich weiß es nicht. Aber ist werde nichts tun. Ich bin glücklich!«

»Aber Narta!«, rief sie, während sie sich ein wenig aufrichtete. »Bist du noch bei Verstand?«

»Da mach dir keine Sorgen, Mädchen, ich bin geistig so gesund wie noch nie.«

Sie schwieg. Ich küsste sie auf den Hals.

»Du findest dich also mit deinem Schicksal ab«, sagte sie mit tiefer, tonloser Stimme.

»Nein, Ratna, wenn ich mein Schicksal annehme, töte ich weiter oder jage mir eine Kugel in den Kopf. Aber das werde ich nicht tun! Ich wähle den schwierigsten Weg, den es gibt, den einzigen, der menschenwürdig ist …«

»Das ist doch Unsinn, Schatz. Du bist überreizt.«

Sie verstand mich natürlich nicht. Und es war

auch nicht nötig, dass sie mich verstand. Ich ging nicht auf ihre Bemerkung ein. Ich legte mein Gesicht an ihre Wange.

»Still jetzt, Liebste, ich begehre dich sehr …«

Ich vergrub mein Gesicht zwischen ihren Brüsten, ich wollte ersticken, ersticken im jungen Fleisch, fern von aller Angst und allem Schmerz.

4

Ich schreckte aus tiefem Schlaf auf, weil Ratna mich unbarmherzig hin und her schüttelte.

»Wach auf, Liebster! Hörst du den Lärm draußen? Komm schon, werd wach!«

Ich hörte es tatsächlich. Ich sagte es ihr und schloss wieder die Augen. Aber sie ließ nicht locker.

»Es ist der Feind! Verstehst du mich? Nun hör doch mal zu!«

Ich sagte, dass ich ihr zuhörte. Sie verstummte, nicht wissend, was sie sagen sollte. Ich konnte nicht mehr einschlafen und öffnete die Augen. Ich lächelte sie an und strich ihr übers Kinn.

»Was wirst du tun? Die Soldaten sind in der Nähe!«

Nicht weit von uns erklang das Dröhnen schwerer Stiefel auf dem Asphalt, im Wechsel mit Geschrei und Verwünschungen. Hin und wieder wurde mit einem schweren Gegenstand an eine Tür gehämmert.

»Ich werde nichts tun, Kleines, ich bin schon so

glücklich bei dir«, sagte ich grinsend, während ich ihre Brüste küsste. Ich fand sie schön und sagte es ihr.

Sie warf mir einen mitleidigen Blick zu. »Ach, mein Schatz …«

Sie umarmte mich so fest mit beiden Armen, dass ich mich kaum bewegen konnte. So lagen wir eine Zeitlang da. Dann hörten wir schnelle Schritte näherkommen, und kurz darauf wurde an unsere Haustür gepocht.

»Die Soldaten …«, murmelte Ratna. Sie sah mich an. »Versteckst du dich irgendwo?!«

Ich sagte, dass ich dazu keine Lust hätte. Sie stand mit einem leichten Seufzen auf, schlüpfte schnell in ihren Kimono und lief zur Haustür. Währenddessen wurde wieder an die Tür gehämmert, aber Ratna war schon dort und zog sie auf.

Drei Soldaten mit einem Leutnant an der Spitze stürmten schreiend herein: »Gibt es in diesem Haus einen Extremisten?«

Der Leutnant erwartete offenbar keine Antwort, denn er lief weiter und begann, das Wohnzimmer zu durchsuchen, während zwei Soldaten zur Küche schlichen. Ratna stand vor der Schlafzimmertür. Nach wenigen Minuten betrat der Offizier das Schlafzimmer, hielt plötzlich inne und stieß einen leisen Schrei aus.

»Da ist er«, flüsterte er aufgeschreckt, als hätte er ein Gespenst gesehen, dem er schon lange zu begegnen hoffte, vor dem er sich aber gleichzeitig fürchtete. »Er ist hier«, rief er, offenbar in der Absicht, seine Soldaten zu warnen. Die Soldaten liefen eilig zu der Stelle, wo der Leutnant stand. Der näherte sich langsam dem Bett, wobei er unentwegt seine Pistole auf mich richtete. Seine Männer, die Stens im Anschlag, sahen zu.

»So, alter Schlingel!«, sagte er mit triumphierender Miene. »Jetzt hab ich dich!«

»Halt deine Pistole doch nicht so«, sagte Ratna, die jetzt am Schminktisch stand. »Er ist unbewaffnet.«

»Ach ja? John, durchsuch mal seine Kleider.«

Der Angerufene lief zu meinem Kleiderhaufen, der auf dem Stuhl beim Tisch lag.

»Seine Waffe liegt in meinem Schrank«, sagte Ratna, während sie Anstalten machte, den Revolver hervorzuholen. Der Offizier schien von ihren Worten überrascht, aber fasste sich wieder. Während er die Pistole in das Futteral an seiner Hüfte schob, zuckte ein Lächeln um seine Mundwinkel. Er war noch jung. Mit seinem gepflegten Schnurrbart sah er gar nicht übel aus.

»So, ich wusste gar nicht, dass ihr auch versessen auf Weiber seid. Das Fleisch ist eben schwach, he-he-he... Aber verflixt, du könntest doch was überziehen, bevor wir kommen!«

Ich schwieg und starrte an die Zimmerdecke.

»Wie heißt du?«

Ich antwortete nicht.

»Bist du nicht Winarta, Kapitän äh ...?

» ... «

»Verdammt, antworte auf meine Frage!«

» ...«

»He! Hast du gehört?!«

Ich schwieg und lachte in mich hinein. Es war schon spaßig zu sehen, wie ein Offizier sich aufregte. Im Grunde fühlt sich so jemand ohnmächtiger als ein normaler Zivilist, weil er sich darauf verlässt, dass sein Äußeres dem Angesprochenen schon Respekt einflößen wird.

Plötzlich ging Ratna zu dem Offizier hinüber und flüsterte leise: »Er ist krank. Mit seinen Nerven ist etwas nicht in Ordnung …«

Er betrachtete sie stirnrunzelnd. »Teufel auch …«

Er dachte einen Augenblick nach. »Zieht ihn an und schafft ihn fort«, sagte er kurz darauf an die Soldaten gewandt. »Ich komme gleich.«

Die Soldaten liefen zu mir und fingen an, mich anzuziehen. Der Offizier sah Ratna mit strahlender Miene an. »Hör mal, Puppe, du hast verdammt schöne Brüste.«

Ratna lachte kokett. »Tja, ich geize eben damit.«

»Oho, ich steh auf geizige Weiber!«

Sie warf ihm einen schelmischen Blick zu, während sie sich an den Tisch lehnte. »Das sagst du doch nur so! Ich glaub dir kein Wort.«

»Wirklich! Ich liebe dich.« Der Leutnant kniff sein linkes Auge halb zu. »Und die Liebe wirkt auf mich wie ein rotes Tuch.«

»Ach, im Ernst?« Sie schob ein Bein leicht vor,

wodurch die Enden ihres Kimonos auseinanderfielen und das Bein sichtbar wurde.

»Na warte, unverschämtes Weibsstück, ich krieg dich!«, sagte er, während er zu ihr lief und sich auf sie stürzte, sodass sie auf den Tisch hinabgedrückt wurde. Ratna kicherte und ließ den Offizier gewähren.

Die Soldaten hatten mich fertig angezogen. Ich hatte, solange sie damit beschäftigt waren, an die Decke gestarrt und das Verhalten des Offiziers und Ratnas aus dem Augenwinkel mitverfolgt. Sie wird schon glücklich werden, ging es mir jetzt durch den Kopf. Sie braucht nur Zeit. Und Zeit gibt es ja im Überfluss.

Die Soldaten hatten mich vom Bett gehoben, und verließen das Zimmer mit mir auf den Armen nach draußen.

Wie eine wilde Bestie hielt der Leutnant seine aufreizend sich windende Beute umklammert und riss ihr den Kimono vom Leib.

Dann fiel die Tür zu.

Die Übersetzung dieses Buches wurde durch die finanzielle Unterstützung der Niederländischen Stiftung für Literatur ermöglicht.

Nederlands letterenfonds
dutch foundation
for literature

Die Arbeit der Übersetzerin am vorliegenden Text wurde vom Deutschen Übersetzerfonds gefördert.

Bibliografische Information der
Deutschen Nationalbibliothek

Die Deutsche Bibliothek verzeichnet diese Publikation in der Deutschen Nationalbibliografie; detaillierte bibliografische Daten sind im Internet über http://dnb.ddb.de abrufbar.

Bibliographic Information published by
Die Deutsche Nationalbibliothek

The Deutsche Bibliothek lists this publication in the Deutsche Nationalbibliografie; detailed bibliographic data is available in the internet at http://dnb.ddb.de.

ISBN 978-3-98514-090-9

Originaltitel: *Winarta*

Erschienen bei Alfabet Uitgevers, The Netherlands 2022

Cover: Bettina Kubanek, Visuelle Gestaltung, Berlin
unter Verwendung des Gemäldes *Berge und Teich*
von Walter Spies

VERLAG TURIA + KANT
A-1020 Wien, Leopoldsgasse 14
Büro Berlin: D-10827 Berlin, Crellestraße 14
info@turia.at | www.turia.at